机器人
在供应链中的角色

刘桂超　余荣杰　唐先林　著

中国商业出版社

图书在版编目（CIP）数据

机器人在供应链中的角色／刘桂超，余荣杰，唐先林著．-- 北京：中国商业出版社，2024.12. -- ISBN 978-7-5208-3054-6

Ⅰ．F274

中国国家版本馆 CIP 数据核字第 2024460GD1 号

责任编辑：王　彦

中国商业出版社出版发行

（www.zgsycb.com　100053　北京广安门内报国寺 1 号）

总编室：010-63180647　编辑室：010-63033100

发行部：010-83120835 / 8286

新华书店经销

北京虎彩文化传播有限公司印刷

*

710 毫米 ×1000 毫米　16 开　13.75 印张　260 千字

2024 年 12 月第 1 版　2024 年 12 月第 1 次印刷

定价：58.00 元

****

（如有印装质量问题可更换）

前　言

　　《机器人在供应链中的角色》一书，深入探讨了机器人在现代供应链中的多元应用，包括从仓库自动化基础到物流流程的各个环节，详细阐述了机器人在排序、打包、装卸、搬运等方面的重要作用。同时，本书也介绍了运输与配送自动化的最新进展，包括自动驾驶货车与无人机配送等新技术。此外，本书还深入分析了机器视觉系统在供应链中的应用，以及智能决策与机器人协作的策略。在生产线的自动化、供应链安全及全球供应链的未来挑战方面也进行了全面的探讨。最后，本书展望了机器人技术的未来发展趋势，为供应链的持续改进提供了前瞻性的视角。这本书可以作为供应链专家、技术研究人员和企业决策者的重要参考资料。

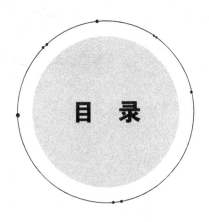

目　录

第一章

机器人技术概述

　　在科技飞速发展的今天，机器人技术是这一时代的标志性产物，已经从昔日的科幻梦想转变为现实，并深刻地影响着社会的各个领域。特别是在供应链领域，机器人的应用正逐步改变着传统的运作方式。随着全球化进程的加速和市场竞争的日益激烈，供应链的高效运作已成为企业竞争力的关键。而机器人技术以其高精度、高速度、不知疲倦等独特优势，正在成为供应链中不可或缺的一部分。它们不仅能够胜任繁重的体力劳动，还能在复杂的任务中展现出卓越的性能，极大地提高了供应链的效率和准确性。在这一章中，将对机器人技术进行概述，并追溯机器人的种类与功能，随着技术的不断进步和应用场景的不断拓展，机器人将在供应链中发挥更加重要的作用。它们将变得更加智能化、自主化、协同化，能够更好地适应复杂多变的市场环境和客户需求。机器人技术也将与其他先进技术如物联网、大数据、云计算等深度融合，共同推动供应链的数字化转型和智能化升级。通过深入了解机器人技术及其在供应链中的应用和发展趋势，不仅能够更好地把握机器人在供应链中所扮演的角色，还能够为企业的供应链优化和创新提供有价值的参考和借鉴。

机器人技术的种类与功能

随着科技的飞速发展，机器人技术已经渗透到人们生活的方方面面，从工业生产线到家庭服务，从军事应用到娱乐休闲，机器人都以其独特的优势发挥着越来越重要的作用。机器人技术的多样性不仅体现在其不同的类型上，更体现在它们所具备的各种功能和应用领域上。在众多的机器人类型中，工业机器人、服务机器人以及其他各类特殊用途的机器人都展现出独特的魅力和价值。在本节中，将深入探讨机器人技术的种类与功能，聚焦于工业机器人和服务机器人这两大主流类型。其中工业机器人以其高精度、高效率和高可靠性，成为现代工业生产中不可或缺的重要力量。而服务机器人则以其智能化、人性化的特点，为人们的日常生活提供了极大的便利。本节还将简要介绍其他类型的机器人，如军用机器人、娱乐机器人以及特种机器人等。这些机器人虽然在应用领域上有所不同，但它们都体现了机器人技术在不同领域的创新与应用。通过对机器人技术的种类与功能的深入了解，了解不同类型机器人的特点、功能以及应用，人们可以更好地认识到机器人技术在现代社会中的重要作用，以及它们在不同领域中的独特优势。为后续探讨机器人在供应链中的角色和应用奠定坚实的基础。

一、工业机器人

随着世界范围内科学技术的持续发展，生产力效率也随之提高，自动化、智能化技术在工业领域的应用价值愈加凸显。在这种情况下，工业机器人技术在工业实践领域的需求量日益增加，对工业机器人技术进行不断优化、改进，提高工业机器人技术的整体水平就显得尤为重要。其不仅能改进工业领域的生产方式，提高生产制造效率，还能解放劳动力，实现流水化、规模化的生产制造，对于促进社会经济发展有着极高的战略价值。随着我国工业化、智能化建设力度不断加强，我国工业机器人的发展速度也日益加快，且拥有许多稳定的支撑性因素。为了扶持工业机器人技术发展，我国也正式出台了与经济转型升级配套的许多政策优惠，进一步拓宽了工业机器人的发展空间。我国制造业的转型与升级，在很大程度上推动了我国高端、先进制造装备的创新，从而在制造业形成了闭环式的双向促进。工业机器人技术作为我国高端设备制造的基础技术，在我国"十二五"发展时期就得到了很大程度的发展，也是我国诸多新兴产业发展的重要基础技术。随着市场经济环境的发展变化，工业机器人制造成本逐步降低、生产技术的不断提高、工作环境改善、性能指标得到了大幅增强，在市场竞争压力不断下沉的形势下，生产制造企业需要承担更多的市场压力。在这种情况下，工业机器人与其相配套的自动化设备，作为一种先进的高新业态，在生产力提高与整体技术发展层面具有显著的影响。相关统计数据显示，我国工业机器人数量与制造规模，现在正处于日益增长的高速发展时期，到目前为止，工业机器人涉及焊接、注塑、装配、搬运等环节，在技术前沿层面，也取得了许多突破性进展。

（一）工业机器人的定义与特点

工业机器人是一种高度自动化的多功能操作机，或称为自动执行工作的机器装置。它们通过编程和自动控制来执行各种工作任务，包括装配、焊接、喷涂、搬运、检测等。工业机器人被广泛应用在制造业中，以提高生产效率、降低成本、确保产品质量，并在某些情况下减少对人类劳动力的依赖。工业机器人的发展始于 20 世纪 50 年代末，最早的应用是在汽车制造业中进行简单的重复性工作。随着传感器、计算机技术和人工智能的发展，工业机器人的功能得到了极大的拓展和提升，能够完成更加复杂和精细的任务。目前，工业机器人已经广泛应用于电子、物流、化工等多个工业领域。

工业机器人通常具备以下几个关键特性：

可编程性。工业机器人能够接收并执行各种指令，这些指令可以通过编程软件进行预先设定或更改，这种灵活性使得机器人能够适应不同的工作任务和生产环境。

多功能性。工业机器人可以配备各种工具和执行器，以执行不同的任务。例如，一个机器人可以用来装配零件，而另一个机器人可能用在焊接操作上。

高精度。工业机器人通常具有非常高的精度和重复定位能力，这对需要高精度操作的应用至关重要，如电子组装和精密机械制造。

自主性。一旦编程并启动，工业机器人可以在没有人类直接干预的情况下自主执行任务，这包括在复杂的生产环境中导航、识别物体并与之交互。

可靠性。工业机器人可以长时间连续运行，而且通常比人类操作员更不容易出错，这使得它们成为生产线上的理想选择，特别是在需要高度可靠性的应用中。

适应性。工业机器人可以适应不同的工作环境和生产需求，通过更换工具、夹具或调整程序，机器人可以轻松地适应新的任务或生产变化。

安全性。虽然工业机器人通常执行潜在危险的任务，但它们的设计和操作方式通常可以确保人类操作员的安全，这包括使用传感器来检测潜在的碰撞，并在必要时自动停止操作。

（二）工业机器人的主要类型

1.示教再现机器人

示教再现的形式，是工业机器人的初期发展阶段所产生的必然形势，也是世界范围内最早一代的机器人类型，主要包括机器人本体、运动控制器以及示教盒，这是初代机器人的大致组成结构。一般情况下，示教再现机器人在示教盒中进行信息的储存，与此同时依据信息进行编程行为。实际工作中示教再现机器人在执行相关操作时，需要利用相关的控制器加以控制，由于自动化程度不高，在现如今的高端设备工业制造环节中应用较少。

2.离线编程机器人

离线编程是示教再现的创新升级形式，属于第二代机器人类型，可以通过离线计算机模型仿真技术完成工作任务。在对实体模型进行搭建的过程中，植入"正逆算法"对离线编程机器人加以控制，在对路径规划、三维动画以及仿真检验操作准确核对后，能够实现真正意义上的离线编程，自动化程度较高。

3. 智能机器人

此类机器人已经经过两代升级，不仅对前两种类型的机器人优势进行了整合，而且自动化程度较高、机器人功能优势更加明显，在实际工作中能够对大部分问题进行独立解决。智能机器人主要通过各类前端传感器，对数据信息进行储存、整理，借助智能化技术，在第一时间对数据信息进行智能分析，产生相关的操作反应。到目前为止，智能机器人被广泛应用于焊接、搬运等相关领域，其主要由基座、驱动机构、臂部以及末端执行器组成，具有维度上的四个自由度。在这种情况下，智能机器人能够通过驱动机构进行 XYZ 平面上的移动与 Z 轴的自由旋转。并且，智能机器人基于仿真建模工具 Multi Gen Creator 和仿真渲染引擎 Vega Prime 能够实现多元化仿真环境搭建，建立可视化虚拟仿真模型后创建运动节点，在一定程度上能够脱离人工操作实现机器人的自动化运行。

（三）工业机器人的技术发展策略和规模化市场应用

工业机器人技术主要体现在高端制造产业设备方面，在具有一定产业化、规模化的前提下，还能进行效益化发展，实现技术水平与商业产业模式的共同发展、双向促进。我国工业机器人技术与工业生产技术之间，存在着基础性能的密切关联，需要搭建长期产业链培育。培育的最终目的，不仅在于对工业机器人技术本身的研究，还涉及零部件配套商、制造商、系统集成商等方面。工业机器人技术的应用成本、集成化工艺及其零部件生产制造环节，在很大程度上都影响着工业机器人整体发展与技术创新。现阶段，若要科学化发展工业机器人技术，就需要从多角度、多层面上实现工业机器人的产业化、规模化生产研究。随着工业机器人步入智能化阶段，只有结合使用对象、使用环境、应用需求以及基础工艺等方面的内容，才能从真正意义上发挥工业机器人的应用价值，从而实现高自动化的机器人操作。工业机器人的规范化市场应用工程，需要按照"先行性原则"进行应用，在喷涂、装配、焊接、搬运等方面，需要与周边工作站的实际需求相结合，与工作站的传输、装卸、检测等方面下压沉淀。工业机器人的单一性运行在机器人自动化程序工程中，仅占据二成到三成。在这种情况下，相关企业的首要关注点就是工业机器人的自动化效率，如无故障时间、投入产出比等，其次就是对工业机器人性能、型号的考虑。对多方面因素进行综合对比后，工业机器人应遵循工艺优先性选择，在产业规模制造层面上，应保持科学的产出比控制，并高度重视行业领域的选择与应用，大力推行发展行业的应用集成商原则。另外，工业机器人需要高度重视机器人发展动力，顺应市场需求驱动，针对劳动力特征方面，需要加强工业机器人的集成应用，关注市场动态需求变化，从招工、成本、工种等方面明确工业机器人的应用平衡点，使工业机器人的应用效益与整体经济收益最大化。

工业机器人技术的发展离不开企业的商业化模式支持，因此工业机器人技术发展的关键，在于与企业商务化模式的协同，并实现技术层面与商业层面的产业化发展，双向促进。在这种情况下，相关生产制造企业，需要对工业机器人的运行可靠性进行格外关注，增加无故障运行时间，打造口碑度较高的品牌，以实现工业机器人的价值与技能，持续提高产品的整体效能与品牌效应，增强客户满意度与信赖程度，在提高企业的商业价值的同时，企业也会在工业机器人技术层面加大投入，实现商务与技术的双向协同发展。在工业机器人技术层面，需要始终保持创新精神，拓展技术思维，利用新型材料，提高工业机器人自重比、荷载能力，从而加强工业机器人运用过程的可靠性，提高无故障运行时间。利用仿生灵巧手的设计技术，全方位提高工业机器人操作灵活度与运行可靠性；利用自主导航技术，能够实现工业机器人对静态环境结构的全面分析，解决自主导航约束问题；利用人机交互技术，将工业机器人的核心视角特征加以呈现，增强刚度柔性关节控制力度，创新技术思维，提高工业机器人自动化程度，加强工业机器人的操作可靠性。另外，对于工业机器人技术的整体发展来说，还需要在机器人保险、租赁等方面进行创新，对工业机器人商业模式加以优化，从而更加全面地推动工业机器人技术稳定发展。随着我国工业化发展速度的不断提高，工业机器人技术正式步入了智能化阶段，并具有大数据信息化、自动化、网络化等多种发展趋势。工业机器人在工业领域中的应用较为广泛，能够大幅提高工业生产制造效率。到目前为止，应从规模化市场应用、主机成本和可靠性分析、注重核心零部件生产、商务与技术的双向协同等方面，实现工业机器人技术的全面发展。

二、服务机器人

（一）服务机器人的定义、分类与特点

服务机器人是一种半自主或全自主工作的机器人，它能完成有益于人类的服务工作，但不包括从事生产的设备。服务机器人广泛应用于各种日常生活和工作的场景中，通过其自主或半自主的工作方式，为人类提供便利和支持。服务机器人在供应链中扮演着重要的角色，特别是在物流、仓储、客户服务等领域，它们能够自主完成一系列任务，提高供应链的效率和客户满意度。随着技术的不断进步和应用场景的拓展，服务机器人的功能和性能也在不断提升，从而为供应链带来更多的创新和变革。

根据国际机器人联合会的分类，服务机器人可以进一步细分为专业服务机器人和家用服务机器人两大类。

1. 专业服务机器人

包括特殊用途机器人，这类机器人具有特定的应用场景和功能，如下水道工作机器人、深海工作机器人、微型机器人、教育机器人、室内安保机器人、室外巡逻机器人、汽车/飞机清洗机器人、消防机器人、管路勘探机器人、导游机器人、公共场所清洁服务机器人等。国防用途机器人，主要用在军事和国防领域，如地雷探测机器人、无人驾驶机器人、太空探测机器人、反恐防暴机器人、小型侦查机器人等。农业用途机器人，用于农业生产和加工，如伐木机器人、摘果机器人、蔬果嫁接机器人等。医疗用途机器人，在医疗领域提供服务和支持，如机器人电动代步车、复健支援机器人、激光治疗机器人、外科手术辅助机器人、医用物流机器人等。

2. 家用服务机器人

家用服务机器人主要是为家庭环境设计，提供日常家务、娱乐、陪伴等服务。这类机器人通常具有更加人性化的设计和交互方式，以适应家庭环境的需求。

服务机器人的主要特点有：自主性。服务机器人能够自主或半自主地执行任务，无须持续地人工干预或监控，它们能够根据预设的程序或学习到的经验

来做出决策，并在需要时与人类进行交互。多功能性。服务机器人能够执行多种不同的任务，以满足不同用户的需求，这些任务可能包括清洁、搬运、导览、陪伴、娱乐、医疗辅助等。交互性。服务机器人通常具备与人类进行交互的能力，它们可以通过语音、视觉、触觉等多种方式与人类进行通信，以提供信息、接收指令或进行情感交流。环境感知能力，服务机器人能够感知和识别其周围环境中的物体、人员和事件，这种能力使它们能够安全地执行任务，并在需要时做出适当的反应。可定制性。服务机器人可以根据用户的需求和偏好进行定制，这意味着它们可以适应不同的应用场景和环境，以提供更加个性化的服务。

（二）服务机器人的核心技术

服务机器人的核心技术构成了服务机器人的基础。

1. 人工智能技术

服务机器人需要能够不断地从与人类的交互中学习，以便改进其性能，机器学习算法使机器人能够识别模式、预测行为，并据此调整其反应。

自然语言处理：为了使机器人能够理解和响应人类的语言，它们需要使用自然语言处理技术来解析和理解输入的文本或语音。

决策制定：基于收集到的数据，服务机器人需要能够做出决策，以决定如何响应人类的请求或需求。传感器技术，视觉传感器：用于识别物体、人脸、手势等，使机器人能够"看到"其周围环境。

声音传感器：用于捕捉声音，包括语音识别，使机器人能够"听到"并理解人类的语言。触觉传感器：提供机器人与物体或人类交互时的物理反馈。

其他传感器：如温度、湿度、压力等传感器，使机器人能够感知其周围环境的各种参数。

2. 导航与定位技术

SLAM（同时定位与地图构建）：使机器人能够在未知环境中自主导航，并构建其环境的地图。

路径规划：机器人需要能够规划出从当前位置到目标位置的最优路径。

避障技术：确保机器人在移动过程中能够避开障碍物，避免碰撞。人机交互技术。

语音交互：使机器人能够通过语音与人类交流。

触摸屏或手势控制：提供除语音外的其他交互方式。

面部表情识别：使机器人能够识别和理解人类的情绪状态。

3. 机器人运动与控制技术

电机与驱动器：为机器人提供运动所需的力量。

运动控制算法：确保机器人能够精确、平稳地移动。

平衡技术：对需要自主移动的机器人，如双足行走的机器人，保持平衡是至关重要的。

云服务：使机器人能够访问远程服务器上的数据和计算资源，以支持其复杂的功能。

大数据分析：通过对收集到的数据进行分析，机器人可以优化其性能，并预测未来的需求或趋势。

三、其他类型机器人

机器人技术的种类丰富多样，除了广泛应用于工业、服务和医疗等领域的机器人，还存在一些特定领域或特殊功能的机器人，它们被称为"其他类型机器人"。这些机器人通常针对特定环境或任务设计，具备独特的功能和技术特点。

（一）军用机器人

军用机器人是专门设计用于军事领域的机器人，它们在现代战争中扮演着越来越重要的角色。军用机器人的应用不仅提高了战争的胜率，也降低了人员伤亡的风险。

1. 主要功能与特点

侦察与监视，军用机器人能够深入敌方阵地，进行侦察和监视任务，获取重要情报。攻击与防御，部分军用机器人装备有武器系统，能够执行攻击任务，或者协助防御重要设施。运输与后勤，军用机器人可以承担物资运输、伤员转运等后勤任务，减轻人员负担。拆弹与排爆，军用机器人可处理爆炸物，降低拆弹人员的风险。

2. 军用机器人的核心技术

自主导航与定位，军用机器人需要具备自主导航和定位能力，以便在复杂环境中准确执行任务。传感器技术，包括视觉传感器、声音传感器、雷达等，用在探测周围环境，确保机器人安全执行任务。通信技术，军用机器人需要与指挥中心保持实时通信，以便接收指令和传输数据。应用实例：无人侦察机，通过高空侦察，为指挥中心提供敌方阵地的实时情报。地面作战机器人，装备有武器系统，可执行地面攻击任务。无人战车，可运输物资和伤员，提高后勤效率。

3. 军用机器人的发展趋势

智能化，随着人工智能技术的发展，军用机器人将具备更高的自主决策能力。模块化，通过模块化设计，军用机器人可以根据任务需求快速更换装备和模块。协同作战，未来军用机器人将与其他武器系统协同作战，形成强大的作战网络。提高军用机器人的自主性和可靠性是当前的技术挑战。军用机器人是现代战争中的重要装备，其功能和特点使其在战场上发挥着不可替代的作用。随着技术的不断进步和应用领域的拓宽，军用机器人的未来发展前景将更加广阔。

（二）娱乐机器人

娱乐机器人是一类以供人观赏、娱乐为目的的机器人，它们不仅具有机器人的基本特征，如机械结构、传感器和执行器等，还融合了多种先进技术，以给人提供丰富多样的娱乐体验。娱乐机器人是专门为提供娱乐和休闲体验而设计的机器人。它们可以模仿人类或动物的行为，表演舞蹈、音乐、讲故事等，也可以互动游戏或作为教育工具使用。

1. 娱乐机器人的技术特点

通过人工智能技术，娱乐机器人可以具备一定的自主决策能力，能够根据用户的喜好和互动情况调整自己的表演或行为。娱乐机器人配备了各种传感器，如视觉传感器、声音传感器等，以感知周围环境，与用户进行交互。娱乐机器人需要具备精确的运动控制能力，以执行复杂的动作和表演。娱乐机器人通常配备了多层 LED 灯和声音系统，以呈现绚丽多彩的声光效果。根据用户的不同需求，娱乐机器人可以通过定制效果技术增加不同的应用效果，如特定的动作、表情或声音。娱乐机器人的发展历史悠久，从早期的简单玩具机器人到现代的智能娱乐机器人，技术不断进步，功能日益丰富。随着人们对娱乐体验需求的增加，娱乐机器人市场规模不断扩大，预计未来将继续保持快速增长。

2. 应用实例

舞蹈机器人，能够自主编排舞蹈动作，表演各种风格的舞蹈。乐器演奏机器人，可以演奏多种乐器，如钢琴、小提琴等，提供音乐表演。儿童教育机器人，通过互动游戏和故事，为儿童提供教育和娱乐服务。宠物机器人，模仿宠物的行为，为用户提供陪伴和娱乐。娱乐机器人将更加注重与用户的情感交流，并通过更先进的人工智能技术和传感器技术，实现更自然、更智能的交互方式。

（三）特种机器人（如医疗机器人、救援机器人等）

特种机器人是指那些设计用在特定环境或执行特定任务的机器人，它们不仅具备机器人的基本特性，还针对特定领域进行了优化和定制。医疗机器人是专门设计用在医疗领域的机器人，能够协助医生进行手术、诊断、康复等任务。它们通过精密的机械臂、传感器和图像处理技术，实现了医疗过程的自动化和精准化。医疗机器人具备高精度的机械臂和传感器，能够确保手术和诊断的精确性。医生可以通过远程控制系统，对医疗机器人进行实时操作，实现远程医疗。部分医疗机器人具备自主导航能力，能够在复杂环境中自主移动，寻找目标位置。例如，达·芬奇手术系统，能够协助医生进行微创手术，减少手术风险。X 光机器人、超声机器人等，能够自动进行影像诊断，提高诊断效率。外骨骼机器人、物理康复机器人等，能够辅助患者进行康复训练，提高康复效果。

救援机器人是专门设计用在灾害救援领域的机器人，能够在复杂、危险的环境中执行搜救、探测、运输等任务。它们通过先进的传感器、机械臂和自主导航技术，提高了救援效率和安全性。救援机器人能够在各种复杂环境中工作，如废墟、水域、高温等。救援机器人具备自主导航能力，能够在未知环境中自主移动，寻找被困人员。救援机器人配备了多种传感器，如红外传感器、声音传感器等，能够感知被困人员的生命体征。例如，四足机器人、无人机等，能够在废墟中搜索被困人员，并传输实时图像给救援人员。地下探测机器人、水下探测机器人等，能够进入人类难以到达的区域进行探测并协助救援。无人运输车、无人直升机等，能够将救援物资快速运送到灾区。

机器人技术在供应链中的应用初探

在现代化供应链管理体系中，机器人技术的应用正在逐渐改变传统的运输与配送模式，引领着供应链自动化的新潮流。本节将探讨机器人在供应链运输与配送环节中的初步应用，以及这些应用如何为供应链带来效率提升、成本降低和服务质量提高。在供应链中，机器人能够执行各种复杂的任务，如货物的搬运、分拣、包装和配送等，为供应链的各个环节提供强有力的支持。在供应链的运输与配送环节中，机器人能够替代人工进行货物的搬运工作，降低劳动力成本，并提高搬运效率和安全性。通过机器视觉和深度学习技术，机器人能够准确识别货物并进行快速分拣，从而提高分拣的准确性和效率。无人配送车等机器人能够实现货物的自主配送，减少人力投入，提高配送效率和服务质量。机器人在供应链中的应用有诸多优势，如机器人能够 24 小时不间断工作，大幅提高运输与配送的效率。通过自动化和智能化技术的应用，降低人力成本、材料成本和运输成本等。机器人配送能够减少人为错误和延误，提高配送的准确性和及时性，从而提升客户满意度。

一、仓储管理自动化

传统的仓储管理通常需要大量人力进行货物的发货、收货、存储等操作，这不仅费时费力，而且容易出错。机器人的应用实现了智能仓储管理，机器人可以根据预设的规则和程序，自动进行货物的分类、存储和检索。通过视觉和传感器等技术，机器人能够实时监测仓库的库存情况和货物的状态，提醒管理人员及时调整和采购货物。机器人通过激光雷达、视觉识别等技术，能够准确地识别和抓取物品，并将其放置到指定位置，自动化的分拣过程不仅提高了分拣速度，还降低了分拣错误的风险。机器人可以承担重物搬运、高空作业等危险任务，减少了人员的风险。搭载了激光雷达、红外线传感器等感知技术的机器人，能够实时监测周围环境，避免碰撞和意外发生，确保操作人员的安全。机器人可以负责货物的搬运、存储和管理，并通过自动化系统进行监控和控制。无人仓库不仅可以节约人力成本，还可以实现 24 小时不间断工作，提高物流处理的效率。机器人技术的应用实现了自动化装卸，减少了人力需求，并快速、准确地完成装卸任务。这不仅提高了工作效率，还降低了劳动强度，改善了工作环境。机器人可以 24 小时不间断工作，并且能够持续不断地重复工作，从而降低了人工错误率。通过使用机器人，可以避免因人工错误造成的货损和快递延误等问题，提高了顾客的体验和服务质量。机器人可以在不干扰仓库正常工作的情况下，自主进行库存盘点工作。通过扫描货物的条形码或二维码，机器人可以快速准确地完成库存盘点工作，避免了人为盘点错误，大大提高了盘点的效率。自动充电机器人能够使物流仓储系统中的机器人系统更加智能化。机器人在执行任务的同时，通过自动充电技术充电，以保持足够的电量，并且无须人工干预，大大提高了机器人使用的效率。机器人在供应链中的仓储管理自动化应用通过智能化、自动化的手段，极大地提高了仓储管理的效率和准确性，降低了人力成本，提升了安全性和顾客体验。

二、风险管理

在供应链管理中，风险管理是一个至关重要的环节，随着供应链的复杂性和全球化程度的增加，各种潜在的风险，如供应中断、生产延误、质量问题等，都可能对企业的运营造成重大影响。然而，随着机器人技术的不断发展，机器人在供应链风险管理中开始发挥越来越重要的作用。机器人通过实时监测供应链中的各个环节，能够收集大量的实时数据。这些数据随后被送入 AI 算法进行分析，以识别出可能预示故障或问题的前兆性事件。例如，在生产线上，机器人可以监测机器的运行状态、温度、振动等参数，通过对比历史数据，发现异常情况或趋势。一旦发现潜在问题，机器人可以立即向操作员或管理系统发出警告，以便及时采取措施进行修复或调整。这种预测性维护的能力，不仅有助于因减少设备故障导致的生产中断，还能降低维护成本，提高设备的整体效率。通过提前发现并解决潜在问题，企业能够确保供应链的稳定运行，减少因故障而导致的生产延误和质量问题。除了预测性维护外，机器人还能在供应链风险管理中实现自动化风险识别。通过集成先进的传感器和图像识别技术，机器人能够实时感知外部环境的变化，如天气、交通状况等。这些信息对于评估供应链中的物流风险至关重要。在货物运输过程中，机器人可以通过传感器感知到运输车辆的实时位置、速度和加速度等参数，结合天气数据和交通状况信息，机器人能够预测货物运输过程中可能遇到的风险，如交通事故、恶劣天气导致的延误等。一旦识别出潜在风险，机器人可以立即向管理系统报告，以便企业及时采取应对措施，确保货物的安全运输。

在风险管理过程中，企业需要快速而准确地做出决策以应对各种潜在风险。机器人技术通过提供智能决策支持，能够帮助企业更好地应对这些挑战。通过集成大数据分析和机器学习技术，机器人能够对历史风险事件进行学习和分析，建立风险预测模型。当新的风险事件发生时，机器人可以根据模型进行快速判断和预测，为企业提供决策建议。这些建议可以包括调整生产计划、优化库存管理、改进物流策略等，以帮助企业降低风险并提高供应链的韧性和灵活性。机器人在供应链风险管理中发挥着重要作用。通过预测性维护、自动化风险识别和智能决策支持等功能，机器人能够帮助企业及时发现并应对各种潜在风险，确保供应链的稳定运行并降低因风险而带来的损失。随着机器人技术的不断发展和完善，其在供应链管理中的应用将会越来越广泛。

三、供应链协调

机器人在供应链协调中的应用主要体现在信息整合和协同工作上。通过与供应链管理系统的互联互通，机器人可以实时监测和处理供应链信息。通过自动化的数据分析和计算，机器人有助于企业实现供应链的优化调整，从而进一步减少库存损益风险，并提高供应链的响应速度和灵活性。通过与供应链管理系统的互联互通，机器人能够实时收集、整合供应链中的各类信息。这些信息包括但不限于原材料供应情况、生产进度、库存水平、运输状态等。机器人利用先进的传感器和通信技术，确保数据的准确性和实时性，为供应链协调提供有力的数据支持。在信息整合的基础上，机器人可以构建全面的供应链视图，使企业能够清晰地了解供应链的每一个环节和整体运行状况。这有助于企业更好地掌握市场动态和客户需求，从而做出更加准确的决策。在信息整合的基础上，机器人可以进一步实现供应链的协同工作。通过与各个环节的机器人或自动化设备进行通信和协作，机器人能够确保供应链中的各个环节紧密配合，实现无缝对接。在生产环节，机器人可以根据实时库存水平和市场需求预测，自动调整生产计划。在物流环节，机器人可以根据货物的运输状态和交通情况，自动规划最优的运输路线和配送时间。这种协同工作不仅提高了供应链的响应速度，还降低了运营成本，提高了客户满意度。

机器人通过自动化的数据分析和计算，能够为企业提供供应链优化调整的建议。基于实时数据和历史数据，机器人可以分析供应链的"瓶颈"和潜在风险，提出针对性的优化方案。例如，机器人可以分析库存周转率和缺货率等数据，为企业提供合理的库存控制策略。通过调整库存水平，企业可以降低库存成本，同时确保生产的顺利进行。此外，机器人还可以分析运输成本和运输时间等数据，为企业提供最优的物流方案，从而降低物流成本并提高运输效率。

机器人技术的应用使得供应链更加智能化、自动化，从而提高了供应链的响应速度和灵活性。在面对市场变化和客户需求变化时，企业能够快速做出反应，调整生产计划和物流策略，以满足客户需求。机器人技术也使得企业能够更好地应对突发事件和紧急情况。例如，在自然灾害或疫情等突发事件发生时，机器人可以迅速调整供应链策略，确保关键物资和产品的及时供应。这种灵活性使得企业在面对各种挑战时更加从容和自信。通过信息整合、协同工作、优化调整和提高响应速度和灵活性等功能，机器人有助于企业实现供应链的高效、顺畅运作，提升企业的竞争力和市场地位。

四、物流运输

在物流运输领域，机器人的应用正逐渐改变着传统的运作模式，其高效、准确和自动化的特性使物流运输变得更加高效、灵活和可靠。机器人技术在物流运输中的首要应用是自动化搬运。通过集成先进的感应技术、机器视觉和机械臂等，机器人能够准确识别并搬运各种形状、大小和重量的物品。这些机器人可以在仓库、生产线和配送中心等场所中，自动将物品从一处搬运到另一处，大大提高了物流运输的效率和准确性。除了自动化搬运外，机器人还能够进行智能分拣。传统的分拣工作往往依赖于人工进行，效率低下且容易出错。而机器人则可以通过扫描物品上的条形码或二维码，快速识别物品的种类、目的地等信息，并自动将其分类到相应的区域或容器中。这种智能分拣的方式不仅提高了分拣的速度和准确性，还降低了人力成本。在物流运输的"最后一公里"，自动驾驶的运输工具成为机器人技术的重要应用之一。这些自动驾驶的运输工具可以通过先进的传感器和算法，实现自主导航和避障功能，确保货物能够安全、准确地送达目的地。自动驾驶的运输工具还可以根据交通状况和实时路况，自动调整行驶路线和速度，进一步提高了物流运输的效率和可靠性。机器人技术还可以通过数据分析和算法优化运输路径。通过收集和分析历史运输数据、实时交通信息以及客户需求等信息，机器人可以预测未来的运输需求并提前规划最优的运输路径。这种优化后的运输路径能够减少不必要的行驶距离和时间浪费，降低运输成本并提高客户满意度。机器人技术在物流运输领域的应用，最终目的是提升物流配送的准确性和速度。通过自动化搬运、智能分拣、自动驾驶运输工具以及优化运输路径等手段，机器人能够确保货物在运输过程中的每一个环节得到快速、准确和高效的处理。这不仅提高了物流配送的效率和准确性，还降低了物流成本和人力成本，为企业带来了更大的竞争优势。随着技术的不断发展和完善，相信未来机器人在物流运输领域将发挥更加重要的作用，推动整个供应链的优化和升级。

五、质量控制

机器人在供应链管理中的质量控制方面也有着显著的应用。传统的质量控制方法需要大量的人工操作和人力维护，而机器人则可以实现自动化的质量控制流程。通过机器视觉和传感技术，机器人可以对产品进行精确的检测和监控，从而提高产品质量的一致性和稳定性。传统的质量控制方法往往依赖于人工进行产品检测，这种方法不仅效率低下，而且容易受到人为因素的影响，导致检测结果的不一致。然而，机器人在质量控制方面的应用可以实现自动化的检测流程，减少人工参与，从而提高检测效率和准确性。机器人通过集成先进的机器视觉和传感技术，可以对产品进行高精度的检测和监控。它们可以快速地识别产品的外观缺陷、尺寸偏差等问题，并自动记录检测结果。这种自动化的检测流程不仅提高了检测速度，还降低了人为因素对检测结果造成的影响，使产品质量的一致性得到了有效保障。机器人进行质量控制时，其精确性和稳定性都得到了显著提升。机器视觉技术使得机器人能够准确地识别产品的各种特征，包括颜色、形状、纹理等，从而对产品进行全面的质量评估。传感技术使得机器人能够实时监测产品的生产过程和状态，确保产品在整个生产过程中的质量稳定性。这种精确性和稳定性的提升，使得机器人能够在质量控制方面发挥更大的作用。它们不仅可以及时发现和纠正生产过程中的问题，还可以对产品进行持续的监控和评估，确保产品质量的持续改进和提升。机器人在质量控制方面的应用还能降低人力成本。传统的质量控制需要大量的人工参与，这不仅增加了企业的用工成本，还可能导致人力资源的浪费。而机器人可以自动完成质量检测任务，减少了对人工的依赖，从而降低人力成本。机器人还可以实现 24 小时不间断的质量控制，提高了生产线的运行效率。这种高效率的质量控制模式不仅能减少企业的库存成本和时间成本，还可以提高企业的市场竞争力和客户满意度。机器人在质量控制方面的应用还具有持续改进和创新的潜力。通过收集和分析大量的检测数据，机器人可以发现生产过程中的潜在问题和改进空间，为企业提供有价值的反馈和建议。随着技术的不断发展和创新，机器人还能不断升级和优化自身的检测能力和算法，以适应不断变化的市场需求和产品质量要求。

机器人技术在供应链中的应用已经渗透多个环节，从仓储管理到风险控制，再到供应链协调、物流运输和质量控制，都体现了机器人技术的巨大潜力和价值。随着技术的不断进步和应用场景的不断拓展，机器人将在供应链管理中发挥其更加重要的作用。

第二章

仓库自动化基础

　　随着全球贸易的蓬勃发展和市场竞争的日益激烈，供应链管理已成为企业成功的关键因素之一。在这个背景下，仓库供应链中的核心环节，其运营效率和成本控制对企业的整体竞争力具有举足轻重的影响。仓库自动化技术的引入和应用，已成为企业提升竞争力、实现持续发展的必然选择。仓库自动化不仅代表着技术的进步，更是对传统仓库管理模式的一次深刻变革。传统的仓库管理要依赖大量的人工操作，效率低下、错误率高，且难以满足快速变化的市场需求。而仓库自动化的引入，通过引入先进的机器人技术、自动化设备和信息系统，实现了货物的自动存储、检索、搬运和运输，大大提高了仓库的运营效率。

　　机器人技术仓库自动化的重要组成部分，正逐步成为推动仓库自动化发展的关键力量。从简单的货物搬运机器人到复杂的自动分拣系统，再到智能库存管理系统，机器人技术的应用范围越来越广泛，功能越来越强大。它们不仅能够准确、高效地完成各种仓库作业，还能通过数据分析和智能决策，为仓库管理提供科学、合理的建议，帮助企业实现更加精准、高效的库存管理。随着技术的不断进步和应用场景的不断拓展，机器人技术正在向更高层次发展。它们变得更加智能化、自主化，能够自主规划运输路线、处理异常情况等。随着物联网、大数据等技术的不断发展，机器人技术将与这些技术深度融合，实现更加智能、高效的仓储和物流管理。仓库自动化已成为供应链管理中不可或缺的一部分。通过引入机器人技术和其他自动化设备，可以实现更高效、智能的仓储和物流管理，提升企业的整体竞争力。接下来，本章将详细介绍仓库自动化的基础知识和机器人技术在其中的应用，为读者提供全面、深入的了解和认识。

机器人在仓储管理中的应用

随着科技的不断革新，机器人技术日益成为仓储管理领域的关键驱动力。它们凭借高效、准确和智能化的特点，正逐步取代传统的人工操作，为仓储管理带来前所未有的变革。从自动化存储与检索到智能分拣，再到智能库存管理和无人仓库的实现，机器人的应用不仅提高了工作效率，降低了成本，还显著增强了仓储管理的准确性和安全性。在这一背景下，本节将深入探讨机器人在仓储管理中的具体应用，以及它们为企业带来的诸多优势，为读者呈现一个全面而深入的视角。

一、自动化搬运与拣选

（一）搬运机器人的类型与特点

搬运机器人是进行自动化搬运作业的工业机器人，其类型多种多样，但主要可以归纳为两类：一是自动导引小车（AGV），AGV 是物流机器人的一种，它可以根据预设路径或实时导航信息，自动搬运货物到指定区域。AGV 广泛应用在仓库、分拣中心以及运输途中等场景，可以完成装卸、搬运、存储、分拣和运输等工作。二是自主移动机器人（AMR），AMR 相比 AGV 具有更高的自主性，它不需要预设路径，而是根据环境信息和任务需求自主规划路径进行搬运。AMR 在复杂环境和多变任务下表现出更强的适应能力。协作机器人机械臂，这类机器人通常配备有灵活的机械臂和手部装置，可以模拟人类的动作进行精确的搬运操作。它们特别适用需要高精度、高灵活性搬运的场合。

由于搬运机器人自动化程度高，可以通过编程完成各种预期的搬运任务，实现 24 小时不间断工作，大大提高了工作效率。搬运机器人安全性高，具有明确的引导路径和避障功能，可以自动停车避免碰撞，降低事故风险。搬运机器人灵活性好，允许最大限度地更改路径规划，能够适应不同的搬运需求和环境变化。当电量即将耗尽时，搬运机器人可以自动请求充电，并在系统允许后自动到充电位置进行充电。搬运机器人场地环境适应性强，可以在人员不便进入的环境下工作，如狭窄的巷道、高温或低温环境等，具有很强的场地环境适应能力。虽然搬运机器人的初期投入成本较高，但从长期来看，它可以降低人工成本、减少货物损坏和丢失等损失，从而实现成本控制的优势。

（二）拣选机器人的工作流程

拣选机器人通过连接到仓库管理系统的接口，自动接收待处理的订单信息。订单信息中包含详细的货物种类、数量以及所需送达的地点等关键数据。拣选机器人能够利用仓库内的定位技术（如 RFID、二维码等）快速定位到待拣选货物的存储位置。通过地图导航或激光扫描等技术，机器人能够准确找到目标货物。到达目标位置后，拣选机器人使用其配备的传感器和图像识别系统来识别货物。根据订单信息，机器人会精确地拣选出所需的货物，并通过机械臂或夹具等设备将货物从货架上取下。拣选出的货物会根据订单要求进行分类，并暂时存放在机器人上的货柜或托盘中。如果订单包含多种货物，机器人会依次前往不同的存储位置进行拣选，并将所有货物分类存放。当订单中所有货物拣选完毕后，拣选机器人会将货物整合到一个或多个配送容器中。随后，机器人会将配送容器运送到指定的打包区域或出货口，等待进一步地处理或配送。在整个拣选过程中，拣选机器人会实时更新仓库管理系统的库存信息。机器人还会记录每个订单的处理时间、拣选效率等关键数据，以供后续分析和优化使用。如果在拣选过程中遇到任何异常情况（如货物缺失、损坏等），拣选机器人会立即停止工作并发出报警信号。此时，仓库管理人员会及时介入处理，确保订单能够按时完成。通过以上七个步骤，拣选机器人能够高效、准确地完成仓库中的拣选任务，大大提高了仓库的运作效率和准确性。随着技术的不断进步和优化，拣选机器人的工作流程还将不断得到完善和提升。

（三）自动化拣选系统的集成与优化

自动化拣选系统的集成是现代仓库自动化的关键步骤，它涉及硬件、软件、控制系统以及与其他物流系统（如 ERP、WMS 等）的无缝对接。通过集成，可以确保拣选作业的高效、准确和灵活，从而满足现代供应链对快速响应和准确配送的需求。应当选择适合仓库环境的拣选机器人，包括其导航方式（如激光导航、视觉导航等）、抓取方式（如机械臂、吸盘等）以及承载能力，集成输送带、升降机、堆高机等设备，实现货物在仓库内的快速流转。根据货物特性和存储需求，选择合适的货架类型（如层架、悬臂架、流力架等）并进行布局规划。WMS 是自动化拣选系统的核心软件，负责接收订单、管理库存、分配拣选任务等。拣选系统需要与 WMS 进行深度集成，以实现订单信息的实时传输和处理。通过控制系统对拣选机器人和输送设备进行统一调度和控制，确保它们能够按照预定的路径和时序进行作业。集成数据分析系统，对拣选作业的数据进行收集、分析和可视化展示，为仓库管理提供决策支持。拣选系统需要与企业的 ERP 系统进行对接，实现订单信息的实时同步和更新。拣选系统需要与物流管理系统（如 TMS）进行对接，实现货物的跟踪和配送信息的实时共享。拣选机器人和输送设备的协同作业可以大大提高拣选效率，减少人工拣选的时间和错误率，减少对人工拣选员的依赖，降低人力成本和管理难度。通过软件和控制系统对拣选作业进行精确控制，可以大大提高拣选的准确率。自动化拣选系统可以根据业务需求进行灵活调整和优化，以适应不同规模和类型的仓库。

自动化拣选系统的优化是确保仓库高效运作、提高拣选效率和准确性的重要环节。通过优化自动化拣选系统，实现拣选效率的最大化、成本的最低化和准确率的提升。在保障拣选准确性和时效性的基础上，通过技术和管理手段，对拣选系统的各个环节进行持续改进。引入先进的路径规划算法，如机器学习算法，优化拣选机器人的行走路径，减少无效行走时间。优化订单分配算法，根据订单特性（如货物种类、数量、紧急程度等）和机器人状态，合理分配拣选任务，确保拣选效率。升级拣选机器人的硬件性能，如提高机器人的移动速度、载重能力和抓取精度，以应对更复杂的拣选任务。引入先进的传感器和图像识别技术，提高机器人对货物的识别能力和拣选准确率。升级仓库管理系统（WMS）和控制系统，支持更多的功能和更高效的数据处理能力，确保拣选信息的实时更新和传输。引入数据分析工具，对拣选作业的数据进行深度挖掘和分析，找出潜在的优化点，为管理决策提供支持。分析拣选作业流程，找出"瓶颈"环节和冗余操作，通过简化流程、合并操作等方式提高拣选效率。引入自动化设备和辅助工具，如自动化输送带、货架等，减少人工操作环节，降低错误率。根据拣选任务的实际情况和机器人性能，合理分配人力资源，确保拣选作业的高效进行。通过优化，拣选效率应得到显著提升，包括在拣选速度、订单处理时间等方面的改善。优化后的拣选系统应能够降低人力成本、设备维护成本等，提高仓库的整体经济效益。通过优化算法、升级硬件和引入先进技术，拣选准确率会得到显著提升，减少因错误拣选而导致的损失。自动化拣选系统的优化是一个持续的过程，需要不断关注行业动态和技术发展，及时引入新技术和新方法，对系统进行持续优化和改进。另外还需要加强与其他物流系统的协同和整合，实现信息的实时共享和交互，提高整个供应链的运作效率。

二、库存管理与跟踪

在供应链管理的广阔天地中，库存管理无疑是一颗璀璨的明珠，其重要性不言而喻。有效的库存管理不仅是供应链稳定运行的基石，更是企业降低成本、提高资金利用效率的关键所在。随着科技浪潮的涌动，库存自动化监测技术犹如一股清新的风，为这一领域注入了新的活力与可能。它不仅是一种技术工具，更是企业实现高效、精准库存管理的得力助手，助力企业在激烈的市场竞争中抢占先机。库存自动化监测技术，凭借其先进的技术手段和智能化的管理方式，正在逐步改变传统的库存管理模式。通过集成先进的传感器、物联网（IoT）设备、大数据分析等技术，该技术能够实现对库存状态的实时监控和智能管理，为企业提供准确、及时的库存信息。这不仅有助企业更好地掌握库存动态，还能帮助企业做出更加科学、合理的库存管理决策，从而提高整个供应链的运作效率和响应速度。

（一）库存自动化监测技术

库存自动化监测技术通过集成多种先进技术，实现了对库存状态的实时监控和智能管理。通过在仓库内安装各种传感器，如温度、湿度、压力等传感器，实现对库存物品所处环境的实时监测。这些传感器能够确保库存物品在最佳条件下存储，避免因环境因素而导致的物品损坏或变质。物联网（IoT）设备在库存自动化监测中起到了桥梁作用，它将传感器收集的数据传输到中央处理系统，实现数据的实时更新和共享，物联网设备还可以与仓库内的其他设备（如叉车、堆高机等）进行通信，实现设备的协同工作和智能调度。收集到的库存数据经过大数据分析处理后，能够为企业提供深入的库存洞察。通过分析历史数据、预测未来需求、优化库存结构等，企业可以做出更加科学、合理的库存管理决策。通过传感器和物联网设备，库存自动化监测技术能够自动收集库存数据，无须人工干预。这大大提高了数据收集的效率和准确性。数据收集后，库存系统能够实时更新库存状态，确保企业随时掌握库存动态。大数据分析技术能够对收集到的数据进行深度挖掘和分析，提供有价值的库存洞察和建议。库存自动化监测技术能够实时监控库存状态，包括库存数量、位置、环境参数等。当库存状态出现异常（如库存量低警戒线、环境参数超出设定范围等）时，系统能够自动发出预警，提醒企业及时采取措施。通过与仓库内其他设备的通信和协同工作，库存自动化监测技术能够实现对仓库设备的智能调度和优化，从而提高仓库运作效率。基于大数据分析的结果，系统能够为企业提供智能化的库存管理决策支持，帮助企业降低库存成本、提高资金利用效率。

库存自动化监测技术展现出了显著的技术优势，体现在其实时性上，通过集成先进的传感器、物联网（IoT）设备和大数据分析技术，该技术能够实时收集和处理库存数据，确保企业能够随时掌握库存状态，从而做出快速而准确的决策。准确性是该技术的另一大亮点，借助先进的传感器和RFID技术，该技术能够实现对库存物品的精确识别和定位，从而有效避免了人为错误和遗漏，提高了库存数据的准确性。智能化也是该技术的重要特征。通过大数据分析，该技术能够为企业提供智能化的库存管理方案，帮助企业优化库存结构、降低库存成本，能够提升企业的竞争力和市场地位。

为了确保库存自动化监测技术的有效应用，企业应根据自身的实际情况和需求，选择合适的技术方案实施。这需要综合考虑企业的规模、行业特点、业务需求等因素，确保技术方案能够真正满足企业的需求。加强员工培训是确保技术有效应用的关键，企业应提高员工对新技术的认识和使用能力，确保员工能够熟练掌握和运用库存自动化监测技术，从而充分发挥其优势。持续优化和改进是确保技术长期有效运行的重要措施，企业应在实施过程中不断收集反馈和数据，对技术方案进行持续优化和改进，以适应市场的变化和企业的需求，提高库存管理的效率和效果。库存自动化监测技术通过集成多种先进技术，实现了对库存状态的实时监控和智能管理，这不仅提高了库存管理的效率和准确性，还为企业提供了有价值的库存洞察和决策支持。

（二）实时库存跟踪系统

实时库存跟踪系统是仓库自动化管理的核心，借助现代信息技术，如物联网（IoT）和大数据分析，实现了对仓库内物品的全方位、实时监控和追踪。该系统不仅能够精确记录并跟踪库存的数量，还能够精准定位库存物品的具体位置以及当前状态，确保企业能够随时掌握最新的库存动态。无论是入库、出库、移库等操作，实时库存跟踪系统都能即时更新库存信息，为企业提供准确、及时的库存数据支持，从而优化库存管理流程，提高运营效率。

核心功能包括实时追踪与定位、库存数量监控、预警与通知。系统能够实时追踪库存物品的位置和状态，包括物品的入库、出库、移库等操作，确保库存信息的准确性和实时性。系统可以精确地监控库存数量，帮助企业避免库存积压或短缺，提高库存周转率。当库存量低于安全库存水平或接近有效期时，系统能够自动发出预警和通知，并提醒企业及时补货或处理。

通过物联网设备，如RFID标签、传感器等，实现对库存物品的自动识别、定位和追踪。系统收集的大量库存数据可以通过大数据分析技术进行处理，为企业提供有价值的库存洞察和预测。实时库存跟踪系统能够避免因人为操作失误或信息滞后导致的库存信息不准确的问题，从而提高库存的准确性。通过实时监控和数据分析，企业可以更加科学地制定库存管理策略，优化库存结构，降低库存成本。准确的库存信息能够帮助企业实现快速响应市场需求，提高运营效率和客户满意度。在选择实时库存跟踪系统时，企业应考虑系统的稳定性、可扩展性和易用性等因素。实施过程中需要加强对员工的培训，确保员工能够熟练使用系统并充分发挥其功能。企业应定期评估系统的运行效果，并根据实际情况进行调整和优化。

（三）预测性库存管理与机器人技术

预测性库存管理是一种基于数据分析的技术，对市场需求、销售趋势、库存水平等进行预测，以实现库存优化和供应链协同的管理方式。它通过实时监控市场动态和销售数据，结合历史数据和行业趋势，对未来市场需求进行准确预测，以制订合理的库存计划。

数据收集与传输，机器人可以配备各种传感器和扫描设备，自动收集仓库内库存物品的详细信息，如数量、位置、状态等。收集到的数据能够通过物联网（IoT）技术实时传输到中央处理系统，确保数据的准确性和实时性。数据分析与预测，结合机器学习算法和大数据分析技术，机器人可以通过对收集到的库存数据进行分析，预测未来市场需求和库存变化趋势。通过历史销售数据、市场趋势和行业信息，机器人可以建立需求预测模型，为企业提供科学的库存策略建议。自动化决策与调度，基于预测结果，机器人可以自动地调整库存水平，如自动补货、调整货物布局等。机器人还可以与仓库内的其他设备（如叉车、堆高机等）进行通信和协同工作，实现货物的快速转运和调配。风险管理与预警，机器人可以通过预测模型和风险分析，及时识别和预警潜在的库存风险和问题，如库存积压、缺货等。企业可以根据机器人的预警信息，提前制定应对策略，降低风险和损失。

预测性库存管理机器人可提高预测准确性，机器人结合大数据分析和机器学习算法，能够更准确地预测市场需求和库存变化趋势。通过自动化决策和调度，企业可以避免库存积压或短缺的情况发生，降低库存成本。机器人可以实现货物的快速转运和调配，提高仓库的运作效率和响应速度。机器人技术的应用减少了人工操作的需求，降低了人为错误率，提高了工作效率。预测性库存管理与机器人技术的结合为仓库自动化管理带来了显著的优势。通过实时收集和分析库存数据，预测未来市场需求和库存变化趋势，并自动化地调整库存水平和货物布局，企业可以实现库存的优化管理，降低库存成本，提高运营效率和市场竞争力。

三、安全监控与防护

（一）仓库安全监控系统

仓库安全监控系统是仓库自动化中不可或缺的一环，它集成了先进的监控技术，旨在实时监控仓库内的各项活动，以确保仓库的安全运行。该系统通过安装高清摄像头、传感器等设备，实现对仓库内外的全方位监控，从而保障货物的安全、防止盗窃和损坏，并提高仓库的运营效率。仓库安全监控系统能够实时传输视频和数据，确保仓库管理员能够随时掌握仓库的动态。高清摄像头能够捕捉到仓库内的细节，为管理员提供清晰的监控画面。系统具备智能分析功能，能够自动识别异常情况，如人员入侵、火灾等，并自动发出预警。仓库安全监控系统可以与仓库的其他系统（如库存管理系统、订单处理系统等）进行集成，实现信息的共享和协同工作。

摄像头是仓库安全监控系统的核心设备，负责捕捉仓库内的视频信息。根据仓库的大小和布局，可以安装多个摄像头，确保监控无死角。传感器的作用是监测仓库内的环境参数，如温度、湿度、烟雾等。当环境参数异常时，传感器会发出信号，触发系统预警。监控中心是仓库安全监控系统的指挥中心，负责接收、处理和分析来自摄像头和传感器的信息。监控中心可以配置多台显示器和计算机，以便管理员全面、高效地监控仓库。当系统识别到异常情况时，会触发报警系统，发出声光报警信号，提醒管理员及时处理。

仓库安全监控系统能够实时监控仓库内的各项活动，及时发现异常情况并处理，从而有效防止盗窃、火灾等安全事故的发生。通过实时监控，仓库管理员可以更加清晰地了解仓库的运营情况，优化工作流程，提高仓库的运行效率。通过减少人为疏忽和错误导致的损失，降低货物的损坏率和丢失率，从而降低企业的运营成本。仓库安全监控系统通过实时、高清、智能的监控方式，为仓库的安全运行提供了有力保障。随着技术的不断发展，未来的仓库安全监控系统将更加智能化、集成化，为企业的仓储管理带来更多便利和效益。

（二）机器人在安全防护中的应用

在仓储管理中，安全防护是一个至关重要的环节。传统的安全防护手段依赖人力，存在监控盲区、反应不及时等问题。随着机器人技术的不断发展，机器人在安全防护中的应用越来越广泛，将为仓储管理带来了更高效、准确的安全保障。

机器人配备高清摄像头和传感器，能够实时监控仓库内的各个角落，确保无盲区监控。通过机器人传输的视频和数据，管理员可以实时掌握仓库的动态，及时发现异常情况。机器人搭载先进的图像处理技术和机器学习算法，能够自动识别仓库内的异常情况，如火灾、人员入侵等。一旦发现异常情况，机器人就会立即触发预警系统，并通过声光报警、短信通知等方式提醒管理员及时处理。机器人具备自主导航和巡逻功能，能够按照预设的路线和时间表在仓库内自动巡逻。这种自主巡逻的方式能够确保仓库的每一个角落都得到有效的监控，从而提高安全防护的覆盖范围。通过远程监控平台，管理员可以随时随地查看机器人的监控画面和数据，并进行远程控制和指挥。这种远程监控与控制的方式极大地提高了管理效率，确保仓库的安全得到及时、有效的保障。机器人能够实时记录仓库内的安全数据，并通过大数据分析技术对这些数据进行分析和处理。通过分析这些数据，管理员可以全面了解仓库的安全状况、识别潜在的安全隐患，并制定相应的安全策略。

机器人在安全防护中的作用是能够实时监控仓库的动态，及时发现并处理异常情况，提高仓库的安全性。机器人可以替代部分人力进行安全监控和巡逻工作，降低企业的人力成本。通过远程监控与控制平台，管理员可以随时随地掌握仓库的安全状况，提高管理效率。机器人具备智能分析预警和自主导航等功能，能够实现高效、准确的安全防护。机器人在安全防护中的应用为仓储管理提供了更高效、准确的安全保障。随着技术的不断发展，未来机器人在安全防护方面的应用将更加广泛和深入。

（三）应急响应与机器人辅助

在仓储管理中，应急响应的及时性和有效性对于保障仓库安全、减少损失至关重要。传统的应急响应方式依赖于人力，存在反应速度慢、处理不及时等问题。随着机器人技术的不断发展，机器人在应急响应中的应用逐渐展现出其独特的优势。机器人具备快速移动和定位能力，能够在短时间内到达事发现场，进行初步的判断和处理。通过预设的应急响应路线，机器人可以在几分钟内就到达火灾现场，进行火势判断和初步扑救。机器人配备的传感器和摄像头可以实时传输现场数据，包括图像、声音、温度等，为管理者提供准确的现场信息。管理者可以通过远程监控平台实时了解现场情况，做出准确的判断和决策。部分高级机器人具备自主决策能力，可以根据现场情况自主判断并采取相应的处理措施。在火灾现场，机器人可以自主判断火势和烟雾情况，从而选择合适的灭火剂进行扑救。机器人还可以辅助人工进行物资搬运、疏散等工作，提高应急响应的效率。在一些危险或有害的环境中，机器人可以替代人员进行应急响应，降低人员风险。例如，在化学品泄漏事故中，机器人可以进入泄漏区域进行泄漏源的判断和处理，避免人员直接接触有害物质。

机器人辅助应急响应的优势包括提高响应速度、增强数据处理能力、降低人员风险、提高应急响应效率。机器人具备快速移动和定位能力，能够在短时间内到达事发现场，缩短应急响应时间。机器人可以实时传输现场数据，为管理者提供准确的现场信息，帮助管理者做出准确的判断和决策。在一些危险或有害的环境中，机器人可以替代人员进行应急响应，降低人员风险。机器人可以辅助人工进行物资搬运、疏散等工作，提高应急响应的效率。机器人在应急响应中的应用为仓储管理带来了更高效、安全的保障。通过快速响应、实时数据传输、自主决策与辅助处理等功能，提高应急响应的及时性和有效性。相信随着技术的不断发展，未来机器人在应急响应方面的应用将更加广泛和深入。

自动化仓库的设计与运营

自动化仓库的设计与运营在现代供应链管理体系中占据着举足轻重的地位，是确保其高效、精准运作的核心要素。它通过整合先进的自动化技术和仓储管理理念，实现了仓库作业的高效化、智能化和精准化。自动化仓库不仅提高了仓库的存储能力、吞吐能力和管理效率，还为企业降低了成本、提高了行业竞争力。

一、仓库布局与规划

（一）仓库功能区域划分

存储区是仓库中用于存放货物的主要区域。根据货物的种类、尺寸、重量和存储要求，存储区可以进一步细分为不同的子区域，如货架区、托盘区、集装箱区等。存储区的规划应确保货物能够高效、有序地存放和取出，考虑到货物的流动性和周转率，应优化货物的存储位置，以便快速响应订单需求。收货区是货物进入仓库的第一个区域，接收、检验和记录入库的货物，收货区应设置在便于货物卸载和运输的位置，同时应配备必要的设备和人员，以确保货物能够快速、准确地入库。发货区是货物离开仓库前的最后一个区域，用来准备、打包和发送货物。发货区应靠近仓库出口，以便快速将货物装载到运输车辆上。发货区还应有足够的空间来暂存待发的货物，并确保货物的安全性和完整性。

拣选区是自动化仓库中用来识别和拣选货物的区域。在接收到订单后，拣选系统会根据订单信息自动将货物从存储区搬运到拣选区，然后由人工或自动化设备完成拣选操作。拣选区的规划应考虑到货物的拣选效率和准确性。通过优化拣选路径和采用先进的拣选技术（如 RFID、机器视觉等），可以提高拣选速度和减少错误率。缓冲区的作用是暂存等待进一步处理或运输的货物。在自动化仓库中，缓冲区可以设置在存储区、发货区或拣选区之间，以平衡货物的流动和避免拥堵。缓冲区的规划应根据仓库的实际情况和货物流量来确定。合理的缓冲区设置可以确保仓库的顺畅运行和减少等待时间。设备区的作用是存放和维护仓库中的自动化设备，如堆高机、AGV（自动导引车）、机械臂等。设备区应设置在便于设备操作和维修的位置，并配备必要的工具和备件。设备区还应保持整洁和有序，以确保设备的正常运行和延长使用寿命。管理区是仓库的管理和控制中心，用于监控和管理仓库的日常运营。管理区应设置在便于观察和监控整个仓库的位置，并配备必要的计算机和通信设备。通过集成化的管理系统和先进的监控技术，可以实现对仓库运营的实时监控和高效管理。在仓库功能区域划分的过程中，需要综合考虑仓库的实际情况、货物特性、设备能力和人员配置等因素，以确保仓库的高效、安全和顺畅运行。

（二）货架设计与布局

在自动化仓库的设计与运营中，货架设计与布局是核心环节之一。

1. 货架设计规划

承重能力，货架需要能够承载存储物品的重量，设计时需考虑材料的承重性能。尺寸与空间，货架的尺寸应与仓库的空间相匹配，确保最大化利用空间，同时方便机器人和其他自动化设备的操作。可调整性，货架应具有一定的可调整性，以适应不同尺寸和重量的物品。安全性，货架结构应稳定，防止物品掉落或货架倒塌，确保操作安全。

2. 货架布局规划

通道设计，在货架布局中，需要规划出足够的通道，以便机器人和其他自动化设备能够顺畅地移动和操作。通道的宽度和数量应根据仓库的实际需求和设备尺寸来确定。分区与分类，根据物品的性质和特性，可以将仓库划分为不同的区域和类别。例如，可以将相似或相关的物品存放在相邻的货架上，便于管理和查找。货架高度与层数，货架的高度和层数应根据仓库的高度和物品的特性来确定。较高的货架可以提高空间利用率，但也需要考虑机器人的操作能力和安全性。灵活性，货架布局应具有一定的灵活性，以便根据仓库的实际需求和变化进行调整。例如，当某种物品的需求增加时，可以临时增加货架或调整货架位置来适应变化。

3. 与机器人技术的结合

在自动化仓库中，货架设计与布局需要与机器人技术紧密结合。机器人需要能够准确地识别、定位和抓取货架上的物品，因此货架的标识和定位系统非常重要。货架的设计还需要考虑机器人的操作特点和限制。例如，货架的间距和层高需要适合机器人的手臂长度和抓取能力；货架的结构需要避免与机器人的运动路径发生碰撞等。在自动化仓库的设计与运营中，合理的货架设计与布局可以提高仓库的存储效率和操作效率，降低人力成本和提高安全性，与机器人技术的结合使得自动化仓库的运作更加高效和智能化。

（三）通道与交通规划

通道与交通规划直接关系仓库的运营效率和机器人的作业流畅性。合理的通道规划能够确保机器人和其他自动化设备在仓库内快速、准确地移动，减少不必要的等待和拥堵，从而提高作业效率。适当的交通规划能够避免机器人与人员、其他设备之间的碰撞，确保作业安全。通过合理的通道与交通规划，可以最大化地利用仓库空间，提高空间利用率。

通道宽度应根据机器人和其他设备的尺寸、运动轨迹以及作业需求来确定。通常，通道宽度应足够宽敞，以确保机器人能够顺畅地通过，并避免与其他设备或障碍物发生碰撞。考虑到未来可能的设备升级或变更，通道宽度应具有一定的冗余。通道数量应根据仓库的大小、存储物品的种类和数量以及作业需求来确定。足够的通道数量可以确保机器人和其他设备能够灵活地移动，提高作业效率。但过多的通道数量可能会浪费仓库空间，因此需要在保证作业效率的同时，优化通道数量。交通流线是指机器人和其他设备在仓库内的移动路径。应根据仓库的布局、存储物品的位置以及作业需求来规划交通流线，确保机器人能够按照最优路径进行作业。可以通过模拟仿真等方法来优化交通流线，提高作业效率。应在仓库内设置明显的交通标识和指引，如地标、指示灯等，可以帮助机器人和其他设备快速识别通道和交通流线。这些标识和指引应易于识别和理解，并能够在不同光照条件下清晰可见。在仓库内设置安全区域，如安全距离、安全缓冲区等，可以确保机器人和其他设备在作业时保持一定的安全距离，避免发生碰撞。安全区域的大小和位置应根据仓库的布局和作业需求来确定。在自动化仓库的设计与运营中，通道与交通规划是确保仓库高效、安全运营的关键环节。通过合理的通道宽度、数量、交通流线以及交通标识与指引等规划，可以最大化地利用仓库空间，提高作业效率，并确保作业安全。

二、自动化设备的选择与配置

（一）搬运与拣选设备的选择

搬运机器人内部搭载 ICD 系列核心控制器，拥有不同的移载平台，负载能力最高可达 1000 公斤；重复精度高达 ±5mm；支持 Wi-Fi 漫游，实现更稳健的网络数据交互；无轨化激光 SLAM 导航，配合 3D 避障相机等多传感器进行安全防护。可广泛应用于汽车、新能源、电子、机加工、物流、食品与饮料、生命科学等行业，实现货物在指定地点之间的灵活搬运，如电商分拣、物料转运、呼叫送料等环节，从而解放人力，实现无人化运输。输送机是自动化立体仓库的主要输送设备，根据控制系统的指令，将入库托盘货物输送至堆垛机作业原始位置或将出库托盘货物输运至出库端口的辊道输送设备。最常见的输送机包括链条式输送机和滚筒式输送机等。无人自动导引车根据其导向方式分为感应式导向小车和激光导向小车，能够在电控系统控制下，通过精确认址方式定位于各个输入、输出工位，接受物料后进行往复穿梭运输。主要应用于自动化物流系统中单元物料高速、高效的平面自动输送，并且具有高度的自动化和灵活性。

巷道堆垛机用于存储单元出入货架的搬运作业，在巷道内进行水平直线往复、垂直升降、货叉左右伸缩叉取等动作，完成单一或两个货载单元的存取工作。与分设在巷道端口部位的出入库输送机进行单元货物的出入库搬运作业交接。物流自动称重扫码机结合了称重和扫码功能，可以在物品运输过程中实现快速、准确地称重并完成扫码识别的操作。其称重系统采用高精度称重传感器或称重平台，扫码识别系统则能迅速扫描物品上的条形码或二维码信息。设备的效率一般可达 1000—4000 件 / 时，能有效提高发货效率，减少人力投入，确保准确的重量测量和条码信息记录。

应根据搬运距离、物流量大小以及物料特性等因素选择合适的搬运与拣选设备。既包括物理特征、数量特征、时间特征、地理特征等，还包括设备的性能、精度、稳定性等，另外还需考虑设备的购置成本、维护成本、运行成本等。关注设备的能源消耗和能效比，如备件供应、维修服务、存放方式、搬运频率等。搬运与拣选设备的选择需要综合考虑多种因素，以确保自动化仓库的高效、稳定运行。

（二）库存监测与管理设备

库存监测与管理设备是自动化仓库中不可或缺的一部分，它们帮助实现库存的实时监控、数据记录和分析，从而提高仓库管理的效率和准确性。库存传感器与标签通常与物品或货架相结合，用于实时追踪物品的位置和数量。例如，RFID（射频识别）标签可以远距离读取数据，无须直接接触，大大提高了库存盘点的效率。库存管理系统是一个集成的软件系统，用于收集、处理和分析库存数据。系统能够提供实时的库存报告，帮助管理者作出决策，如补货、调货等。监控摄像头除了用于安全监控外，还可以用于监控仓库内的活动，确保库存的完整性和安全。通过库存传感器和标签，系统可以实时监测每个物品的位置和数量，确保数据的准确性。当库存低于预设的安全库存水平时，系统可以自动发出预警，提醒管理者及时补货。库存管理系统能够记录每一次的入库、出库和移库操作，提供完整的库存变动历史。通过数据分析，管理者可以了解哪些物品销售得好，哪些物品滞销，从而优化库存结构。自动化库存监测与管理设备大幅减少了人工盘点和记录的工作量，提高了工作效率。由于数据是实时更新的，可以准确反映当前的库存状态，避免了因信息滞后导致的误判。监控摄像头和库存传感器的结合使用，可以增强仓库的安全性，防止盗窃和损坏。所有的库存变动都会被记录，这提供了强大的可追溯性，有助于在出现问题时迅速定位和解决。库存监测与管理设备在自动化仓库中发挥着至关重要的作用，它们不仅提高了仓库管理的效率和准确性，还为企业的供应链管理提供了有力的数据支持。

（三）安全监控与防护设备

视频监控系统通过安装摄像头在仓库内关键区域进行全天候的监控，确保仓库管理人员可以实时观察到仓库内的各个角落，对异常情况做出及时处理。系统通常配备高清晰度摄像头，支持夜视功能，并提供远程访问和监控功能。视频监控系统广泛应用于仓库的出入口、货物存放区域、通道等关键区域，用于实时监测进出仓库的车辆和人员，确保货物的安全和准确性。入侵报警系统包括门禁控制器、红外传感器、烟雾报警器等装置。当有人员未经授权进入仓库区域或者检测到烟雾等异常情况时，系统会立即发出警报，提醒仓库管理人员注意。入侵报警系统不仅可以及时发现潜在的安全隐患，还可以起到威慑作用，减少不法分子的犯罪行为。报警系统还可以与视频监控系统结合使用，实现更加全面的仓库安全监控。

防火系统包括火灾报警器、灭火器、喷淋系统等。火灾报警器能够及时发现火灾隐患，触发报警装置，提醒人员疏散和灭火。灭火器和喷淋系统则能够在火灾发生时迅速进行灭火，防止火势蔓延，最大限度地减少火灾损失。配置可靠的防火系统是保障仓库安全的重要措施之一。安全保护装置如防撞系统、紧急停止按钮等，通常用于确保设备和人员的安全。这些装置能够在设备运行时检测到潜在的危险情况，并自动采取紧急措施，如停止设备运行或发出警报。安全保护装置广泛应用于自动化仓库中的搬运机器人、堆垛机等设备，能够确保设备在运行过程中不会与人员或障碍物发生碰撞，保障作业安全。根据仓库的实际情况和作业需求，合理配置安全监控与防护设备，确保设备能够覆盖整个仓库区域，满足安全监控和防护的需求。定期对安全监控与防护设备进行检查和维护，确保设备能够正常运行，及时发现并处理潜在的安全隐患。加强对仓库管理人员的培训和教育，提高他们对安全监控与防护设备的认识和使用能力，确保他们能够充分发挥设备的作用，保障仓库的安全。

综上所述，安全监控与防护设备在自动化仓库的设计与运营中发挥着至关重要的作用。通过合理配置和使用这些设备，可以实现对仓库的全面监控和防护，确保仓库作业安全的顺利地进行。

三、运营流程的优化

（一）流程分析与"瓶颈"识别

明确自动化仓库的主要运营流程，包括商品入库、库内存储、订单拣货、商品出库等关键环节。通过流程图的形式，直观地展示各流程之间的关系和顺序，便于后续的分析和优化。收集仓库运营过程中的关键数据，如入库时间、存储时间、拣货时间、出库时间等。利用数据分析工具，对收集到的数据进行深入挖掘，找出流程中的"瓶颈"和问题。评估各流程环节的效率，找出效率低下的环节。分析各流程环节的成本，找出成本过高的环节。通过数据分析，找出流程中耗时最长、效率最低的环节，这些环节是"瓶颈"所在。通过实地考察仓库运营情况，观察员工操作、设备运行等实际情况，进一步确认"瓶颈"环节。如员工操作不熟练、工作态度消极等，如设备老化、故障频发等，如流程设计不合理、管理制度不完善，等等。针对各种因素，加强员工培训、提高员工积极性，更新设备、加强设备维护，优化流程设计、完善管理制度，等等。通过梳理流程、收集和分析数据、评估流程效率和成本，可以准确地识别出仓库运营中的"瓶颈"环节。针对这些"瓶颈"环节，制定相应的优化策略，可以有效地提高仓库的运营效率和降低成本。在实际操作中，应结合仓库的实际情况和具体需求，灵活运用各种方法和工具，以实现最佳的优化效果。

（二）自动化技术在流程优化中的应用

运营流程的优化是提高仓库效率和降低成本的核心。引入先进的 WMS（仓库管理系统），WMS 能够实现对库存的实时追踪、管理和控制，确保货物信息的准确性和一致性。WMS 不仅具备库存管理、入库出库等基本功能，还能通过数据分析和预测技术，准确预测产品需求量，提高供应链的响应速度和效率。选择合适的货架和叉车，能够实现货物的快速存储和搬运，提高货物的存储和搬运效率。通过引入搬运机器人，减少人力成本，降低人工操作的错误率，同时实现每周每天24小时全天候运行。利用信息化技术，自动记录生产数据，准确记录各个生产过程的细节数据。通过数据挖掘和分析技术，获取流程中的数据和信息，对流程进行定量分析和评估，找出优化的方向和目标。通过传送带、升降机、输送车等组成的自动化材料输送系统，实现物料的自动化和快速输送，提高生产效率。通过应用自动化技术，建立标准的工作流程和作业指导书，减少人为因素的干扰，确保工作的准确性和一致性。定期评估仓库管理流程的效果，针对问题进行改进和优化。积极应用新的技术和管理方法，如人工智能和物联网等，提升仓库管理的效率和准确性。利用人工智能和机器学习技术，对供应链中的大量数据进行分析，挖掘隐藏的趋势和关系，为供应链决策提供依据。自动化技术在流程优化中的应用体现在多个方面，从管理系统、设备、数据记录与分析到标准化和持续改进，以及结合人工智能和机器学习等先进技术，全面提高自动化仓库的运营效率和准确性。

（三）持续改进与流程再造

持续改进是一个不断寻求提高和优化运营流程的过程，涉及对现有流程的定期评估、分析和改进。通过自动化管理系统（如WMS）收集仓库运营数据，并利用数据分析工具进行挖掘，识别出潜在的问题和改进点。鼓励员工提供关于运营流程的意见和建议，因为员工是流程的直接参与者，他们的反馈非常有价值。针对识别出的问题，制定改进措施并进行试验性实施。通过对比改进前后的数据，评估改进措施的有效性。通过减少不必要的环节、优化作业流程等方式，提高仓库的整体运行效率。通过减少人力投入、降低设备故障率等方式，降低仓库运营成本。通过优化订单处理、提高发货速度等方式，提高客户满意度。流程再造是对现有运营流程进行根本性的重新设计，旨在实现显著的改进和突破，还要明确流程再造的目标和期望达到的效果。对现有的运营流程进行全面的评估，识别出存在的问题和"瓶颈"。基于评估结果，重新设计运营流程，消除不必要的环节和"瓶颈"，引入新的技术和方法。将重新设计的流程付诸实施，并进行测试以确保其有效性和可行性。对实施后的流程进行持续监控和评估，发现问题及时改进，实现持续优化。流程再造需要员工的支持和配合，因此要确保员工充分参与并理解新流程的设计和实施。在重新设计流程时，要考虑技术的可行性和成本效益比。流程再造后需要持续监控和评估新流程的效果，确保其符合预期目标。通过持续改进，可以不断提高仓库的运营效率和客户满意度；通过流程再造，可以实现对运营流程的根本性改进和突破。这两个环节的结合应用可以确保自动化仓库的运行始终处于最佳状态。

第三章

物流流程中的机器人应用

　　在供应链中，特别是在物流流程中，机器人的角色日益凸显。随着科技的飞速发展，机器人技术已广泛应用于仓储管理、客户服务、物流运输等多个环节，通过自动化和智能化的手段显著提高了物流的效率和准确性，同时降低了成本。机器人不仅能够自动完成货物的存取、分类和归档，还能够在"最后一公里"配送中替代人力进行快递投递，提高了客户满意度。此外，机器人在物流运输中，如自动驾驶的无人车辆和货运无人机等，具有出色的自主驾驶和货物运输能力。机器人的应用不仅提高了物流作业的安全性，还通过人机协作的方式，让人类能够专注于更具创造性和决策性的工作。物流机器人的排序、打包、搬运、智能拣选、装载以及远程监控和维护等功能，进一步保障了物流流程的顺畅运行。机器人在物流流程中的应用为供应链带来了革命性的变化，预示着未来物流领域更加智能化和自动化的发展趋势。

排序与打包机器人

随着科技的飞速进步，人类社会正步入一个由机器人技术引领的新时代。在这个时代里，机器人不再只是科幻电影中的幻想，而是逐渐渗透到日常生活的方方面面，尤其是在物流和供应链管理这一关键领域中。物流流程中的排序与打包环节其效率和准确性对于整个供应链的顺畅运作至关重要。传统的排序与打包工作依赖于大量的人工操作，这不仅效率低下，而且容易出错，特别是在面对大量、复杂或重复性的任务时。随着机器人技术的快速发展和广泛应用，人们看到了一个全新的解决方案——排序与打包机器人。这些机器人通过先进的识别系统、精确的测量技术以及智能化的操作方式，能够迅速、准确地完成排序与打包工作，极大地提高了物流流程的效率和准确性。在接下来的章节中，将详细探讨排序与打包机器人在物流流程中的具体应用及其带来的变革，将分析这些机器人如何帮助物流企业提高作业效率、降低运营成本、减少人为错误，并提升客户满意度。也将探讨这些机器人技术的未来发展趋势，以及它们如何继续推动物流和供应链管理的创新与发展。

一、排序机器人的工作原理

排序机器人是一种应用于物流领域的自动化机器人，旨在提高物流过程中对货物分类、排序和整理的效率和准确性。排序机器人是专门设计用于在物流中心对货物进行自动分类、排序和整理的机器人系统。通过先进的识别技术，如 OCR、RFID 或机器视觉，能够快速准确地识别货物信息。根据预设的算法和规则，对货物进行自动分类和排序。将分类后的货物准确放置到指定位置，确保物流流程的顺畅进行。排序机器人能够自主完成货物的识别和排序工作，无须人工干预。通过精确的识别技术和算法，确保货物分类的准确性。相较于传统的人工排序方式，排序机器人能够大幅提高工作效率，减少物流中心的运营成本。排序机器人的工作规则和算法可根据实际需要灵活调整，以适应不同的物流场景和需求变化。排序机器人主要应用于物流中心的货物分类、排序和整理环节，适用于各种规模的物流中心，特别是处理大量货物的场景，排序机器人通过其高度自动化、高准确性、高效率和灵活性的特点，在物流流程中发挥着重要作用，有效提高了物流中心的运营效率和准确性。

（一）识别与分类技术

排序机器人利用先进的图像识别技术，通过摄像头捕捉货物的图像信息。结合深度学习算法，机器人能够准确识别货物上的标签、条形码、二维码等标识信息。图像识别技术使得机器人能够迅速识别货物的种类、规格、数量等关键信息。RFID 技术通过在货物上粘贴 RFID 标签，使机器人能够通过无线信号读取标签中的信息。RFID 技术具有读取速度快、识别距离远、可多标签同时读取等优点，极大地提高了机器人的工作效率。在大型物流中心，RFID 技术被广泛应用于货物的跟踪、管理和识别等方面。

排序机器人配有灵活的机械臂和抓取装置，能够根据货物的形状、尺寸和重量等特征进行精确抓取。机械臂的灵活性和精确性确保了机器人在抓取货物时不会造成损坏或遗漏。结合机器视觉技术，机械臂能够准确判断货物的抓取位置和姿态，实现自动化抓取和放置。排序机器人内置有复杂的分类算法，能够根据货物的识别信息将其自动分类到不同的区域或传送带上。分类算法可以根据实际需求进行灵活调整，以适应不同的物流场景和需求变化。通过分类算法，机器人能够确保货物按照正确的顺序和路径进行传输和处理。排序机器人通常还配备有实时监控系统，能够实时监控货物的位置、状态和处理进度等信息。实时监控系统能够及时发现异常情况并报警处理，确保物流流程的安全性和可靠性。排序机器人需要与物流中心的其他设备和系统进行集成和通信，以实现信息的共享和协同工作。通过与仓库管理系统（WMS）、订单管理系统（OMS）等系统的集成，机器人能够获取最新的订单信息、库存信息等关键数据。通信技术的应用使得机器人能够与其他设备和系统进行实时通信和数据交换，提高了整个物流系统的协同性和效率。排序机器人的识别与分类技术通过图像识别、RFID 技术、机械臂与抓取技术、分类算法以及实时监控系统等多种技术手段的集成应用，实现了对货物的快速、准确识别与分类，从而大幅提高了物流流程的自动化水平和效率。

（二）排序算法与逻辑

排序机器人使用的排序算法并不单一，而是根据实际应用场景和需求选择合适的算法。常见的排序算法有冒泡排序、选择排序、插入排序等，但在物流领域，这些基础算法可能由于效率问题并不常用。更为常见的算法是那些结合了优化策略和特定需求的算法，如基于规则的排序算法、启发式搜索算法、机器学习算法等。在物流中心，货物通常需要根据特定的规则进行排序，如按照目的地、客户优先级、货物类型等。基于规则的排序算法能够根据预设的规则对货物进行快速排序。例如，如果规则是先将同一目的地的货物放在一起，那么排序机器人就会先识别货物的目的地信息，然后按照目的地进行准确分类和排序。对于一些复杂的排序问题，可能需要采用启发式搜索算法来找到近似的最优解。启发式搜索算法通过不断的尝试和调整，逐步逼近最优解。在物流领域，启发式搜索算法可以应用于解决多目标排序问题，如同时考虑货物的运输时间、成本、安全性等多个因素。随着机器学习技术的发展，越来越多的排序机器人开始采用机器学习算法来提高排序的准确性和效率。机器学习算法可以通过对大量历史数据的分析，学习出货物排序的规律和模式，并根据这些规律和模式对新的货物进行预测和排序。例如，可以利用神经网络算法对货物的特征进行提取和分类，然后根据分类结果对货物进行排序。

排序机器人的逻辑实现通常包括以下几个步骤：数据获取、数据处理、排序决策和结果输出。数据获取是指机器人通过传感器、摄像头等设备获取货物的相关信息；数据处理是指对获取到的数据进行清洗、转换和存储等操作；排序决策是指根据预设的算法和规则对货物进行排序；结果输出则是指将排序结果以特定的方式呈现给用户或传输给下一环节。排序机器人的排序算法与逻辑不仅关注效率，也关注准确性。通过不断地优化算法和逻辑，排序机器人能够在保证准确性的前提下，尽可能地提高排序效率。排序机器人还需要考虑与其他设备和系统的集成和通信，以确保整个物流流程的顺畅进行。排序机器人的排序算法与逻辑是其实现高效、准确排序的关键。通过选择合适的算法、优化逻辑实现以及与其他设备和系统的集成和通信，排序机器人能够明显提高物流流程的效益。

（三）机器人手臂与抓取器设计

1. 手臂设计

机器人手臂通常采用多关节设计，以模拟人类手臂的灵活性和运动范围。这些关节通常由伺服电机或步进电机驱动，以实现精确的位置控制和力量输出。手臂的长度和负载能力则取决于具体的应用场景。在物流领域，排序机器人需要处理各种尺寸和重量的货物，因此手臂需要具备足够的负载能力和适当的长度，以覆盖工作区域。高精度和快速响应是手臂设计的重要考量因素。通过先进的控制算法和传感器技术，机器人手臂可以实现微米级的定位精度和毫秒级的响应时间，确保货物能够准确、快速地被抓取和放置。

2. 抓取器设计

抓取器的类型多种多样，包括吸盘式、夹爪式、电磁式等。不同的抓取器适用于不同类型的货物。例如，吸盘式抓取器适用于平滑表面的货物，夹爪式抓取器适用于形状规则的货物，而电磁式抓取器则适用于金属材质的货物。为了应对不同形状和尺寸的货物，抓取器需要具备一定的自适应能力。这可以通过使用柔性材料、可调节的夹爪或配备机器视觉系统来实现。机器视觉系统可以实时识别货物的形状和尺寸，并调整抓取器的位置和姿态，以确保货物能够被准确抓取。

在抓取和放置货物的过程中，安全性是至关重要的。抓取器需要设计有防止碰撞和过载的保护机制，以避免对货物和机器人本身造成损害。此外，抓取器还需要具备足够的强度和耐用性，以应对长时间、高强度的工作环境。机器人手臂和抓取器需要协同工作，以实现高效的排序和抓取任务。手臂负责将抓取器移动到目标位置，而抓取器则负责将货物从原位置移动到目标位置。通过精确的控制算法和传感器技术，手臂和抓取器可以实现高精度的协同操作，确保货物能够准确、快速地被抓取和放置。在设计机器人手臂和抓取器时，需要权衡各种因素，如成本、精度、速度、负载能力等。通过合理的设计和优化，可以实现这些因素的平衡，使机器人能够在满足性能要求的同时，保持较低的成本和较高的可靠性。机器人手臂与抓取器的设计是排序机器人实现高效、准确排序的关键。通过合理的设计和优化，可以使机器人手臂和抓取器具备足够的灵活性、负载能力、精度和安全性，以满足物流领域对排序机器人的高性能要求。

二、打包机器人的自动化流程

打包机器人是专门设计用于自动执行包装任务的机器人系统。它集成了先进的自动化技术、传感器技术和计算机视觉技术，能够显著提高包装作业的效率和准确性。打包机器人是一种智能化、自动化的物流设备，通过预设的程序和算法，能够独立完成产品的识别、抓取、包装以及标签粘贴等作业。打包机器人能够实现连续、稳定地进行包装作业，减少了对人工的依赖。通过计算机视觉和传感器技术，打包机器人能够精确识别产品特征，实现准确抓取和定位。相比传统的人工包装，打包机器人能够在短时间内完成大量产品的包装，提高生产效率。打包机器人可以根据不同的产品和包装需求，灵活调整包装方式和参数。通过摄像头和图像识别技术，打包机器人能够识别产品的形状、尺寸和颜色等信息。利用机械臂和末端执行器，打包机器人能够准确抓取产品，并放置到指定的包装位置。根据预设的包装程序，打包机器人能够自动完成产品的包装，如装箱、封箱、贴标签等。通过传感器和图像识别技术，打包机器人还能够对包装质量进行检测，确保产品包装的完整性和准确性。打包机器人在电商、快递、食品、医药等行业的物流包装领域都具有广泛的应用。随着自动化技术的不断发展和普及，打包机器人的应用范围和性能将不断提升，为物流行业带来更多的便利和效益。打包机器人通过集成先进的技术和算法，实现了包装作业的自动化、高效化和智能化。

（一）物品检测与定位

在打包机器人的自动化流程中，物品检测与定位是首要且关键的步骤，它确保了后续打包作业的准确性和效率。打包机器人使用先进的计算机视觉系统来捕捉和识别物品。这些系统通过摄像头捕捉图像，并利用图像处理算法识别物品的形状、大小、颜色等特征。机器人还配备了各种传感器，如距离传感器、重量传感器等，用于精确测量物品的位置、距离和重量，从而确保机器人能够准确地进行抓取和定位。打包机器人的摄像头会捕捉待打包物品的图像，内置的图像处理软件会对图像进行分析，提取出物品的关键特征信息，根据提取的特征信息，机器人能够识别出物品的种类、数量等关键信息。通过传感器数据，机器人可以确定物品在传送带或其他工作平台上的具体位置。机器人会根据物品的位置信息，使用机械臂和末端执行器准确地抓取物品，并将其放置在预定的打包位置。

物品检测与定位的准确性和效率将直接影响整个打包过程的成功率和速度。通过使用先进的计算机视觉和传感器技术，打包机器人能够实现高精度的物品识别和定位，从而确保每次抓取都能准确无误。这些技术还能够实现快速响应和高效处理，大大提高了打包作业的自动化程度和效率。在实际应用中，打包机器人还可以根据具体的打包需求进行参数优化和调整。例如，可以根据不同的物品类型和尺寸调整摄像头的焦距和视角，或者调整传感器的灵敏度和测量范围等。这些优化和调整能够进一步提高物品检测与定位的准确性和效率，以满足不同场景下的打包需求。物品检测与定位是打包机器人自动化流程中的核心步骤之一。通过使用先进的计算机视觉和传感器技术，机器人能够准确地识别和定位待打包物品，从而为后续的打包作业提供可靠的支持。

（二）打包材料选择与供应

打包机器人通过集成的传感器和图像识别技术，对需要打包的物品进行识别，以确定所需的打包材料类型和规格。根据物品的形状、大小、重量和运输要求，机器人能够自动从预设的打包材料库中选取最合适的材料，如纸箱、气泡膜、胶带等。为了实现打包材料的自动化供应，仓库或物流中心通常会配备专门的材料供应系统，如自动货架、传送带或机器人搬运系统。当机器人发出材料需求指令时，这些系统能够迅速响应，将所需的打包材料准确送达机器人工作区域。为了确保打包材料的持续供应，机器人系统还需要与库存管理系统进行集成。通过实时监控库存水平，系统能够预测材料需求，并提前进行补货，以确保生产线的连续运行。随着生产数据的积累和分析，机器人系统能够不断优化打包材料的选择和供应流程。例如，通过分析不同材料在运输过程中的破损率、成本效益等因素，机器人可以自动调整材料选择策略，以提高整体物流效率。在打包材料的选择与供应过程中，机器人系统还需要确保操作的安全性和打包质量的稳定性。通过内置的安全检测机制和质量控制标准，机器人能够自动检测材料的完整性和质量，避免使用损坏或不合格的材料进行打包。通过以上自动化流程，打包机器人能够在物流流程中实现高效、准确和安全的打包操作，提高整体物流效率和客户满意度，这也展示了机器人在供应链管理中扮演的重要角色和其对提高物流行业自动化水平的贡献。

（三）自动化打包步骤与流程

打包机器人通过传感器和视觉识别系统对待打包物品进行检测，包括尺寸、形状、重量等关键信息。机器人会根据检测结果，自动选择适合的包装材料和打包方式。根据所选的打包材料和方式，机器人从预设的自动货架或传送带上获取所需材料。通过精确的控制系统，能确保材料供应的及时性和准确性。打包机器人利用机械臂和末端执行器，如夹爪、吸盘等，将物品准确地放入包装材料中。在此过程中，机器人通过内置的传感器实时调整抓取和放置的力度、位置，从而确保物品的安全和包装的稳固。例如，在某些先进的系统中，机器人可以在 0.1 秒内完成一次抓取和放置操作，大大提高了打包速度。打包完成后，机器人自动对包装箱进行封箱处理，如使用胶带或热封技术。机器人还会根据系统指令，打印并粘贴相应的标签，包括物品信息、目的地、条码等。在打包流程的最后阶段，机器人会对打包好的物品进行质量检测，确保包装完整、无破损。通过图像识别技术，机器人可以检测包装箱上的标签信息是否准确无误。所有打包过程的信息和数据都会被机器人自动记录并上传至管理系统，方便后续的追踪和查询。随着实际应用的深入和数据的积累，打包机器人可以通过学习和优化算法，不断提高自动化打包的效率和准确性。例如，机器人可以根据历史数据预测未来的打包需求，提前准备材料，减少等待时间。通过上述步骤和流程，打包机器人能够在物流流程中实现高度自动化的打包操作。这不仅提高了物流效率，降低了人力成本，还确保了打包过程的准确性和一致性，为供应链管理带来了显著的价值。

三、排序与打包机器人的技术选型

根据不同的物流场景和任务需求，选择适合的机器人类型。例如，对于高速、高精度的排序和打包任务，可能需要选择具有高精度机械臂和快速响应能力的机器人。根据实际任务中需要搬运的物品重量和尺寸，选择具有足够负载能力的机器人。还应考虑物流流程对速度的要求，选择能够满足生产节奏的机器人。在物流环境中，机器人需要长时间稳定运行，因此稳定性和耐久性同样至关重要。选择经过严格测试和验证的机器人硬件，以确保其能够在各种环境下稳定运行。根据任务需求选择机械臂的类型（如 SCARA、Delta 等）和数量。考虑机械臂的精度、负载能力、运动范围等因素，确保能够准确、高效地完成任务。根据物品的形状、尺寸和材质，选择适合的末端执行器，如夹爪、吸盘等。确保末端执行器能够稳定、可靠地抓取和放置物品。如果机器人需要在不同位置进行排序和打包任务，就要考虑选择具有移动底盘的机器人。移动底盘需要具备良好的稳定性和承载能力，以确保机器人在移动过程中的稳定性和安全性。选择具有高精度、高可靠性的传感器和视觉系统，以实现对物品的精确识别和定位。传感器和视觉系统需要能够实时反馈物品的位置、姿态等信息，为机器人提供准确的控制指令。选择性能稳定、易于集成的控制系统，确保机器人能够按照预设的程序和指令进行工作。控制系统需要具备良好的扩展性和可维护性，以适应未来可能的升级和改造需求。

根据实际应用场景，机器人的负载能力可以从几公斤到几百公斤不等。例如，对于小型物品的排序和打包任务，可以选择负载能力在 10 公斤左右的机器人；而对于大型物品的搬运和打包任务，则需要选择负载能力在几百公斤以上的机器人。机器人的运动范围取决于其机械臂的长度和移动底盘的设计。在选择机器人时，需要考虑其运动范围是否能够满足实际任务的需求。例如，在仓库环境中，机器人需要能够到达各个存储区域进行物品的搬运和打包任务。对于排序和打包任务来说，机器人的精度至关重要。高精度的机器人能够确保物品被准确地放置在指定的位置，减少误差和浪费。在选择机器人时，需要关注其重复定位精度等关键指标。排序与打包机器人的硬件选型需要综合考虑应用场景、任务需求、负载能力、速度要求、稳定性和耐久性等因素，通过选择合适的硬件设备和配置方案，可以确保机器人能够在物流流程中发挥最大的作用，提高物流效率和准确性。

（一）软件与控制系统

一个优秀的软件与控制系统能够确保机器人高效、准确地完成排序与打包任务，提供灵活性和可扩展性以适应不断变化的物流需求。应用软件负责实现特定的排序与打包任务。这些软件通常包括路径规划、物品识别、定位与抓取等功能模块。它们通过集成先进的算法和图像处理技术，确保机器人能够准确地识别、抓取和放置物品。在物流环境中，软件平台需要具备高可靠性和稳定性，以确保机器人能够持续稳定地运行。支持多种编程语言，方便开发人员根据实际需求进行定制开发。随着业务的发展，软件平台需要能够支持更多的功能和设备，因此可扩展性也至关重要。控制系统需要具有足够高的实时性，以确保机器人能够迅速响应各种指令和传感器数据，实现精确控制。控制系统需要具备足够高的精度，以确保机器人在执行排序与打包任务时能够精确地定位、抓取和放置物品。控制系统的高可靠性是确保机器人长期稳定运行的关键。它需要能够抵御各种干扰和故障，并在出现问题时及时报警和恢复。它还负责为机器人规划最优的移动路径，以减少运行时间和能源消耗。通过图像处理和机器学习技术，实现对物品的快速准确识别与定位。如 PID 控制算法，确保机器人在执行排序与打包任务时能够保持稳定的运动状态。软件与控制系统需要与机器人的硬件设备进行紧密集成，实现数据的实时交互和共享。通过与 WMS（仓库管理系统）、TMS（运输管理系统）等供应链系统的集成，实现信息的共享和协同作业，提高整体物流效率。提供直观易用的用户界面和操作体验，方便操作人员快速上手并高效完成任务。通过远程监控和管理功能，实现对机器人的实时监控和远程控制，提高管理的灵活性和效率。排序与打包机器人通过选择合适的软件平台、控制系统和关键技术与算法，并结合系统集成和数据交互功能，可以确保机器人高效、准确地完成排序与打包任务，从而提高整体物流效率。

（二）传感器与检测技术

在排序与打包机器人的技术选型中，传感器与检测技术是确保机器人高效、准确完成任务的关键因素。这些传感器与检测技术能够为机器人提供实时的环境感知和物品识别能力，从而使其能够自主地进行排序与打包操作。通过摄像头捕捉图像，并利用图像识别算法识别物品的种类、位置、姿态等信息。视觉传感器在排序与打包机器人中起到了至关重要的作用，它可以实现对物品的精准识别和定位。如激光雷达、超声波传感器等，用于测量机器人与障碍物之间的距离，从而避免碰撞并确保安全操作。用于检测物品的重量，帮助机器人判断物品是否满足打包要求，并在需要时进行适当的调整。如温度传感器、湿度传感器等，会根据具体应用场景选择，以提供更全面的环境感知能力。利用图像处理算法对摄像头捕捉的图像进行识别，包括颜色识别、形状识别、文字识别等。这些技术可以帮助机器人准确地识别物品的种类和数量，为后续的排序和打包操作提供基础数据。通过多个视觉传感器或激光扫描仪获取物品的三维信息，实现对物品的三维重建。这有助于机器人更准确地判断物品的位置和姿态，提高排序和打包的精准度。利用 GPS、惯性导航、SLAM（同时定位与地图构建）等技术实现机器人的自主定位和导航。这些技术可以帮助机器人在复杂的物流环境中自主移动，找到需要排序和打包的物品。在排序与打包机器人的设计中，需要将多种传感器与检测技术进行集成，形成一个完整的感知系统。这个系统需要能够实时地获取环境信息和物品信息，并将这些信息传递给机器人的控制系统进行处理。通过集成多种传感器与检测技术，机器人可以实现对环境的全面感知和物品的精准识别，从而提高排序和打包的效率和精度。

为了提高传感器与检测技术的性能，还可以采用一些优化方法。例如，对于视觉传感器，可以采用更先进的图像处理算法来提高识别精度和速度；对于距离传感器，可以采用更精确的测量技术来降低误差。另外，还可以利用机器学习和人工智能技术来优化传感器与检测技术的性能。通过对大量数据进行学习和训练，机器人可以逐渐提高自己的感知能力和识别精度，从而更好地适应不同的应用场景和变化需求。传感器与检测技术在排序与打包机器人的技术选型中起到了至关重要的作用。通过选择合适的传感器类型和检测技术，并进行有效的集成和优化，可以确保机器人具备高效、准确的排序和打包能力，为物流流程的优化和升级提供有力支持。

货物装卸与搬运机器人

在物流流程中，货物装卸与搬运不仅影响着物流效率，还直接关系货物的安全和完整性。随着科技的快速发展，机器人技术逐渐被引入这一领域，为物流行业带来了革命性的变革。机器人能够 24 小时不间断地工作，且不受人为因素的影响，如疲劳、生病等，从而大大提高了装卸与搬运的效率。使用机器人替代人工进行货物装卸与搬运，可以减少对大量劳动力的依赖，降低人力成本。机器人操作可以避免因人为失误导致的安全事故，确保货物在装卸与搬运过程中的安全。随着技术的不断进步和物流行业的不断发展，货物装卸与搬运机器人将在未来物流业发挥更加重要的作用。它们将更加智能化、自主化，能够应对更加复杂的物流场景和任务。随着人工智能、物联网等技术的融合应用，机器人将能够更好地与其他物流设备、系统进行协同工作，从而实现更加高效、智能的物流流程。

一、搬运机器人概述

（一）定义与功能

搬运机器人，作为现代物流领域的重要自动化装备，被广泛称为 transfer robot。它们通过集成先进的运动控制系统、机械臂和传感器等技术，实现了替代人工进行繁重、重复性搬运作业的功能。搬运机器人的核心在于其对运动轨迹的精确控制，以确保货物能够安全、高效地从一处移动到另一处。搬运机器人是一种自动化程度较高的工业机器人，主要用于生产线、仓库、码头等场所的货物搬运作业。它们通常具备多轴运动控制功能，能够根据预设的程序或实时指令，精确地控制机械臂或搬运设备的运动轨迹，从而完成货物的抓取、提升、移动和放置等动作。

搬运机器人能够自主完成货物的搬运作业，无须人工干预。它们可以替代人工进行繁重、重复的搬运工作，降低工人的劳动强度，提高工作效率。通过先进的运动控制系统和传感器技术，搬运机器人能够实现对货物运动轨迹的精确控制。这种精确控制可以确保货物在搬运过程中的稳定性和安全性，减少货物损坏和事故发生的概率。搬运机器人具备快速、高效的工作能力。它们可以在短时间内完成大量货物的搬运作业，提高物流流程的整体效率。搬运机器人可以满足不同形状、尺寸和重量的货物搬运需求。通过更换不同的机械臂或搬运设备，它们可以适应不同场景下的搬运作业。一些先进的搬运机器人还具备智能协作功能。它们可以与工人或其他机器人进行协同作业，实现更加灵活、高效的物流流程。在物流流程中引入搬运机器人，可以带来诸多优势。它们能够极大地减轻工人的劳动强度，提高工作效率和安全性。搬运机器人的精确控制和高效作业能力可以提高物流流程的整体效率，缩短货物的搬运时间。搬运机器人的适应性和智能协作功能也使得它们能够适应不同场景下的搬运需求，提高物流流程的灵活性和可扩展性。搬运机器人作为现代物流领域的重要自动化装备，正在逐渐改变着传统的物流搬运方式，它们的广泛应用将为企业带来更高的经济效益和社会效益。

（二）技术特点与应用领域

搬运机器人作为现代物流流程中的关键装备，其技术特点融合了多个学科领域的知识，包括力学、机械学、电器液压气压技术、自动控制技术、传感器技术、单片机技术和计算机技术等。这些技术的综合运用使得搬运机器人具备高度的自动化、智能化和适应性，从而能够高效、准确地完成各种搬运任务。搬运机器人需要具备强大的承载能力和稳定的运动性能，这得益于力学和机械学的深入应用。机器人的机械结构设计合理，能够承受较大的负载，并且在各种环境下都能保持稳定的运动状态。此外，力学原理还帮助机器人实现了精确的力控制和运动控制，确保在搬运过程中不会对货物造成损坏。电器液压气压技术是搬运机器人实现动力传递和动作执行的关键。通过电机、液压缸、气压缸等装置，机器人能够产生足够的动力来驱动机械臂、传送带等部件的运动。这些技术还能够实现对机器人运动速度、位置和力度的精确控制，使得机器人在搬运过程中能够保持平稳、准确和高效。自动控制技术是搬运机器人的"大脑"，它负责接收和处理各种传感器信号，并根据预设的程序或实时指令来控制机器人的运动和行为。自动控制技术的应用使得搬运机器人能够具备高度的智能化和自主化能力，可以根据环境变化和任务需求来自主调整工作状态和运动轨迹。传感器技术是搬运机器人感知环境和货物信息的重要手段。通过集成各种传感器（如光电传感器、接近传感器、压力传感器等），机器人能够实时感知货物的位置、尺寸、重量等信息，并据此调整自身的运动状态和工作方式。此外，传感器技术还能够帮助机器人实现避障、定位等功能，确保在搬运过程中的安全性和准确性。单片机技术和计算机技术为搬运机器人的信息处理和控制提供了强大的支撑。单片机作为机器人的核心控制器，主要负责接收和处理各种传感器信号，并根据预设的程序或实时指令来控制机器人的运动和行为。而计算机技术则提供了更加高级的数据处理和分析能力，使得机器人能够具备更加复杂和智能的功能，如路径规划、任务调度等。搬运机器人在技术特点上还体现了人工智能和良好的适应性。通过集成机器学习、深度学习等人工智能技术，机器人能够不断学习和优化自身的搬运策略，提高搬运效率和准确性。机器人还具备一定的适应性，能够根据环境变化和任务需求来自主调整工作状态和运动轨迹，以适应更加复杂和多变的环境和任务需求。搬运机器人的技术特点融合了多个学科领域的知识，使得它们具备了高度的自动化、智能化和适应性。这些技术特点不仅使得搬运机器人能够高效、准确地完成各种搬运任务，还为物流行业的发展提供了强大的支持。

（三）类型与实例

搬运机器人有多种类型，包括 AGV 搬运机器人、机械臂搬运机器人、协作机械臂搬运机器人以及无人驾驶搬运车等。这些不同类型的搬运机器人各具特点，分别适用于不同的应用场景。

AGV 搬运机器人（Automated Guided Vehicle），采用导航电磁技术或光电导航技术，能够实现自主行驶及避障功能。它们通常配备有传感器和导航系统，能够在预先设置的路径上自主移动，并执行多种任务，如搬运货物、运送物料等。在仓库、工厂等场合，AGV 搬运机器人能够代替人类完成短距离的物料搬运任务，提高物料搬运的效率和精度。它们被广泛应用于仓库的货物搬运、生产线的物料配送等场景。

机械臂搬运机器人能够模拟人类手臂动作，利用机械臂和控制系统来实现对物料的精确抓取、搬运和放置。它们通常应用于对物料的要求比较高、形状复杂、重量较大的场合。在汽车生产线、机械制造等领域，机械臂搬运机器人能够完成复杂的装配和搬运任务，提高生产线的自动化程度。

协作机械臂搬运机器人结合机器人视觉技术和人机交互技术，能够在人机协作环境下完成物料搬运任务。它们提高了物料搬运的安全性和效率。在装配生产、医疗护理等领域，协作机械臂搬运机器人能够与工人协同工作，共同完成物料的搬运和装配任务。

无人驾驶搬运车基于自主导航技术，能够自主行驶、路径规划和避障功能。它们通常采用电池、太阳能等替代传统燃油的能源，从而降低了使用成本和环境污染。在工厂、仓库、码头等物流场景中，无人驾驶搬运车能够自主完成货物的搬运和运输任务，提高物流效率。不同类型的搬运机器人各具特点，分别适用于不同的应用场景。随着技术的不断发展，搬运机器人的类型和应用场景将会越来越多样化，为物流流程的优化和自动化提供强有力的支持。

随着科技的飞速进步，搬运机器人作为物流领域的重要力量，正经历着前所未有的变革。它们正朝着更加自动化、智能化、多功能化、高速化和可持续发展的方向迈进，预示着未来在工业制造和物流领域将发挥更加重要的作用。

二、货物装卸与搬运机器人的负载能力

（一）负载能力与机器人设计

负载能力指的是机器人在执行任务时所能承受的最大重量。对于货物装卸与搬运机器人来说，负载能力的大小直接影响到其能够搬运的货物类型和数量，

因此是机器人设计中的一个重要参数。机器人的结构设计是影响其负载能力的关键因素。例如，机器人的框架、关节和连接件等都需要具备足够的强度和刚度，以承受负载的重力和惯性力。机器人的结构也需要考虑平衡性和稳定性，以确保在搬运过程中不会发生倾覆或损坏。传动系统是机器人实现运动的关键部件，其设计和性能将直接影响到机器人的负载能力。传动系统需要具有足够的扭矩和功率输出，以满足搬运过程中所需的动力。传动系统的效率、稳定性和寿命等也是需要考虑的因素。动力系统是机器人的动力来源，其设计和性能同样对负载能力有重要影响。动力系统需要提供足够的驱动力和扭矩，以满足机器人在搬运过程中的动力需求。此外，动力系统的能耗、噪声影响和污染物排放等也需要考虑，以确保机器人的环保性和经济性。机器人的材料选择也对其负载能力有影响。高强度、高模量的材料可以提高机器人的刚性和强度，从而增加其负载能力。轻质材料也可以降低机器人的整体重量，提高其搬运效率。

机器人的负载能力与其设计密切相关，二者相互影响。在机器人设计中，需要根据实际应用场景和任务需求来确定合适的负载能力，也需要根据负载能力来选择合适的结构设计、传动系统、动力系统和材料等，以确保机器人能够满足实际需求并具备较高的性能和可靠性。货物装卸与搬运机器人的负载能力与机器人的结构设计、传动系统、动力系统和材料选择等密切相关。在机器人设计中需要综合考虑各种因素，以确保机器人具备足够的负载能力，并能够满足实际应用需求。

（二）负载平衡与稳定性

在物流流程中，货物装卸与搬运机器人以其高效、精确和可靠的性能，为物流行业带来了革命性的变化。货物装卸与搬运机器人的负载能力是指其能够承载和搬运的货物的最大重量。这一能力直接决定了机器人在不同应用场景下的适用性和效率。常见的搬运机械手的负载能力包括5公斤、10公斤、20公斤、50公斤、100公斤等。选择适当的负载能力对于确保机器人能够高效、安全地完成搬运任务至关重要。负载平衡与稳定性是确保货物装卸与搬运机器人在工作中保持高效、安全运行的关键因素。如果机器人的负载不平衡或不稳定，可能会导致机器人运动不稳定、搬运效率低下，甚至损坏货物或机器人本身。通过先进的传感器技术，机器人能够实时检测并调整自身的姿态和位置，以确保负载的平衡和稳定。气动平衡调整机等技术的应用，使机器人能够在搬运过程中自动调整平衡气缸内的气压，达到自动平衡的目的。这种技术使得重物在搬运过程中犹如悬浮在空中，避免了产品对接时的碰撞。机器人的设计也考虑了负载平衡与稳定性。例如，机器人的结构设计使其具有较强的稳定性和承重能力，能够适应各种复杂的搬运任务。通过选择适当的负载能力和应用先进的技术手段，可以实现机器人的高效、安全搬运，为物流行业带来更大的价值。

（三）负载监测与报警系统

通过实时检测搬运机器人的负载状态，可以避免因超载或负载不平衡导致的机器人故障或货物损坏。准确的负载检测有助于机器人优化搬运路径和速度，从而提高整体物流效率。搬运机器人通常配备有传感器（如力传感器、重量传感器等），能够实时检测搬运过程中的负载变化。结合机器视觉技术，机器人可以识别货物的形状、大小和重量，从而更准确地评估负载情况。根据机器人的负载能力和应用场景，还应设定合适的负载阈值。一旦超过这个阈值，报警系统将被触发。报警方式可以包括声音、灯光、显示屏提示等，以便操作人员及时发现并处理异常情况。在检测到超载或负载不平衡等危险情况时，报警系统还可以启动紧急制动功能，确保机器人和货物的安全。不同类型的搬运机器人（如固定式、移动式等）对负载检测与报警系统的要求可能有所不同。根据物流环境的特点（如货物种类、搬运距离等），需要选择合适的负载检测方式和报警系统。传感器精度直接影响负载检测的准确性，例如，高精度的力传感器可以更准确地检测微小的负载变化。通过实时检测负载状态并在必要时触发报警系统，可以确保机器人在物流流程中的安全、高效运行。

三、货物装卸与搬运机器人的应用场景

机器人能够自动将货物从入库区域搬运到指定的货架位置，或从货架上取下货物进行出库操作。通过使用高精度导航和定位系统，机器人可以确保货物准确无误地放置在目标位置。机器人装卸能够减少人工操作中的错误和损伤，

提高货物处理的准确性和效率。在集装箱码头，机器人可以协助装卸集装箱，减少人力搬运。机器人还能够精确地抓取和搬运集装箱，提高装卸速度和效率，降低工人的劳动强度。在恶劣的天气或工作环境中，机器人可替代人工进行作业，确保工作安全。在分拨中心和配送中心，机器人可以协助进行货物的分类、拣选和打包等操作。通过集成先进的视觉识别技术和算法，机器人能够准确地识别货物的种类、数量等信息，并进行相应的处理。机器人可以快速、准确地完成货物的分拣和打包工作，提高配送的准确性和效率。在存在危险物质或有害环境的场所，如化学品仓库或放射性物品存储区，机器人可以安全地搬运货物。机器人能够抵抗恶劣环境的影响，减少人员接触危险物质的风险，确保工作的安全性。在柔性制造和定制物流中，机器人可以根据不同产品的特性和需求，进行灵活的货物装卸和搬运。通过集成先进的传感器和控制系统，机器人能够实时调整搬运方式和参数，以适应不同产品的需求。机器人的柔性搬运能力可以支持定制化的物流服务，以满足客户的多样化需求。在多仓库或多存储区的物流网络中，机器人可以协助进行跨库货物的调配和搬运。通过智能调度系统和优化算法，机器人可以规划最优的搬运路径和任务分配，确保货物在最短时间内送达目标位置。机器人的跨库搬运能力可以提高物流网络的灵活性和响应速度，从而支持快速、高效的物流服务。

四、机器人在特殊环境下的装卸与搬运

（一）极端温度环境下的机器人

在供应链中，机器人在物流流程中的货物装卸与搬运环节展现出了显著的优势。当涉及特殊环境，如极端温度环境时，这些机器人的应用变得尤为重要。机器人能够在高温环境中长时间稳定工作，这得益于其特殊的耐高温材料和密封设计。例如，某些机器人能够承受高达200℃甚至更高的温度，适应各种工业生产环境。即使在高温环境下，这些机器人也能保持高精度的定位和抓取能力。它们采用先进的传感器和控制系统，确保在高温环境中能够准确无误地抓取各种零件或货物。为了防止在高温环境下烫伤操作人员或损坏货物，这些机

器人通常配备防烫功能。例如，通过使用隔热材料或设计散热结构，减少热量传递和对操作人员的影响。这种专门为高温环境设计的电动夹爪，能够在高温环境下正常工作，为机器人搬运提供强大的支持。它采用耐高温材料制造，能够承受高温环境下的热辐射和热传导，并保证夹爪的稳定性和可靠性。这些技术确保机器人在极端温度环境下能够快速、准确地完成搬运任务。它们不仅提高了生产效率，还确保了机器人在恶劣条件下的安全性。在极端温度环境下，机器人广泛应用于各种工业领域。例如，在汽车制造业、电子设备制造业、金属加工业等行业中，机器人需要在高温或低温环境中进行零件的搬运和装配。此外，在化工、食品加工等行业中，机器人也需要承担极端温度环境下的物料搬运任务。

（二）危险或污染环境的机器人应用

机器人可以代替人类在危险环境中进行工作，如易燃易爆、有毒有害等场所，从而大大降低人员受伤或死亡的风险。通过搭载的传感器，机器人可以实时检测并反馈环境中的各种参数，如温度、湿度、气体浓度等，确保工作环境的安全。在化工行业中，机器人可以用于装卸和搬运危险化学品，确保人员安全并降低事故发生率。在污染严重的环境中，机器人可以代替人类进行工作，减少人员与污染物的直接接触，从而保护人员健康。机器人可以配备专门的清洁设备，如吸尘器、喷水器等，对污染区域进行高效清洁，减少污染物的扩散。在核电站的放射性废物处理中，机器人可以承担大部分清洁和搬运工作，减少人员暴露于放射性物质的风险。机器人表面通常覆盖有耐磨损、耐腐蚀的材料，以应对各种恶劣环境。机器人的内部电路和敏感部件通常被严格密封，以防止灰尘、液体或腐蚀性物质进入并损坏设备。在粉尘的环境中，机器人可以配备高效过滤系统，确保内部部件的正常运行。危险或污染环境中的机器人应用可提高安全性和工作效率、减少人员暴露和伤害风险、进行实时数据监测和反馈。危险或污染环境的机器人应用面临的挑战有技术复杂性高、研发和制造成本较大，维护和保养困难，需要专业人员操作等，对环境的适应能力仍需进一步提升。机器人在危险或污染环境下的装卸与搬运中发挥着不可替代的作用，通过特殊的设计和技术，它们能够高效、安全地完成各种复杂任务，为人类社会的发展作出贡献。

（三）机器人适应性与定制化

机器人通过配备的各种传感器，能够实时感知并适应不同特殊环境。例如，使用温度传感器来感知高温环境，使用气体传感器来检测有毒气体等。机器人能够利用先进的导航技术和避障系统，在复杂环境中自主导航，避开障碍物，确保货物装卸与搬运的顺利进行。通过内置的负载检测装置，机器人能够实时检测负载状态，并根据需要自动调整搬运策略和路径，以适应不同负载要求。根据特殊环境的具体需求，机器人可以进行硬件定制化设计。例如，在极端温度环境下，可以采用耐高温或耐低温材料；在污染环境下，可以加强机器人的防护和清洁能力。机器人的控制系统和算法则可以根据不同环境和任务需求进行定制化开发。例如，针对危险环境下的操作，可以开发特定的安全控制算法；对于特定物品的搬运，可以优化路径规划算法以提高效率。根据具体应用场景，机器人可以配备不同的功能模块，如夹持器、吸附器、托盘等，以适应不同形状、尺寸和重量的货物搬运需求。在高温、高压和有毒有害的化工环境中，定制化机器人可以安全、高效地进行危险化学品的装卸与搬运。据统计，相比人工操作，使用机器人可降低事故发生率高达86%。在放射性废物处理和清洁工作中，定制化机器人能够代替人类进入高辐射区域进行作业。这些机器人通常配备有高效的过滤系统和防护装置，以确保内部部件和人员的安全。在处理医疗废物时，定制化机器人可以有效防止操作人员与有害物质直接接触，降低感染风险。这些机器人通常具有强大的消毒和清洁功能，以确保环境的卫生和安全。机器人在特殊环境下的装卸与搬运中展现出强大的适应性和定制化能力。通过硬件、软件和功能的定制化设计，机器人能够满足不同环境和任务的需求，提高物流流程的效率和安全性。随着技术的不断进步和应用场景的拓展，相信机器人在供应链中的作用将越来越重要。

第四章

运输与配送自动化

　　机器人在供应链中的应用越来越广泛，特别是在运输与配送环节，机器人的自动化应用不仅提高了物流效率，还降低了成本，并为供应链带来了更高的灵活性和准确性。接下来，本章将深入探讨机器人在运输与配送自动化中的角色，以及其在提升供应链整体性能方面作出的贡献。

自动驾驶货车与无人机配送

　　在供应链中，运输与配送环节是连接生产者与消费者的关键纽带。随着科技的进步，自动驾驶货车与无人机配送成为新兴的物流方式，正逐步成为提高物流效率、降低成本、提升用户体验的重要力量。本节将重点介绍自动驾驶货车与无人机配送在供应链中的应用，以及它们所带来的变革。自动驾驶货车与无人机配送能够实现 24 小时不间断的运输与配送，显著提高物流效率。研究显示，自动驾驶货车能够减少 50% 的运输时间，无人机配送则能将配送时间缩短至数小时甚至更短。自动驾驶货车通过减少人力成本、优化运输路径、降低油耗等方式，实现了物流成本的显著降低。无人机配送能够避开地面交通拥堵，降低配送成本。自动驾驶货车与无人机配送能够为用户提供更加快速、便捷的配送服务，提高用户满意度。特别是在城市密集区域和偏远地区，这些新兴配送方式更具有明显优势。自动驾驶货车适用于城市内的短途配送，如超市、快递站等场景。它们能够根据路况自动规划路径，并适应交通信号灯的变化，提高配送效率。自动驾驶货车在长途运输中具有明显优势，能够实现连续不断的行驶，无须人工换班，降低运输成本。无人机配送特别适用于"最后一公里"的配送任务。它们能够直线送达目的地，避开地面交通拥堵，为用户提供更加快捷的配送服务。

　　尽管自动驾驶货车与无人机配送具有诸多优势，但在实际应用过程中仍面临一些挑战，如技术成熟度、成本投入、法律法规等。随着技术的不断进步和市场的逐步成熟，这些挑战将逐渐被克服。未来，自动驾驶货车与无人机配送将在供应链中发挥更加重要的作用，成为推动物流行业发展的重要力量。通过深入了解它们的应用场景和优势，可以更好地利用这些技术来提高物流行业的整体性能和竞争力。

一、自动驾驶货车

自动驾驶货车，又称无人货车，是一种融合传感器、摄像头、雷达和人工智能的车辆，无须司机手动操作，货车即可自动行驶前往目的地。该设计使一辆运载货物的自动驾驶货车，能够自主地在较大程度上减少对环境的影响。它可以通过感知周围环境并使用激光雷达、摄像头和 GPS 传感器确定位置，在短时间内按照确定的路线投递包裹。用户可以通过二维码接收预期的货物，扫描二维码后，车门便会自动打开，货物下方的绿灯亮起。货物下方的货架向前移动，使用户可以更舒适地运送货物。该设计在提供便利运输的同时，它美观与简洁的设计线条也是当今时代的特征。自动驾驶货车是一种通过自动驾驶技术实现运输功能的货车。它集成了自动驾驶系统、高精度传感器、高性能控制器和其他必要的设备，能够自主感知周围环境、规划行驶路径、控制车辆行驶，完成货物的装载、运输和卸载等任务。通过激光雷达、摄像头、毫米波雷达等传感器，自动驾驶货车能够实时感知周围环境，包括道路状况、交通信号、障碍物等。基于感知到的环境信息，自动驾驶货车能够自主规划行驶路径，选择最优的行驶策略，确保运输过程的安全和高效。自动驾驶货车的控制系统能够实时控制车辆的加速、减速、转向等动作，确保车辆按照规划的路径行驶。自动驾驶货车能够实现 24 小时不间断运输作业，无须人工干预，提高了运输效率。通过减少人力成本、优化运输路径、降低油耗等方式，自动驾驶货车能够显著降低运输成本。自动驾驶货车在物流、快递、电商等领域具有广泛的应用前景，特别是在长途运输、城市配送等场景中，能够大幅提高运输效率，降低运输成本，提升用户体验。自动驾驶货车应符合国家相关法规和标准，并取得相应的牌照和保险，以确保其安全、合法地运营。自动驾驶货车通过集成先进的自动驾驶技术，实现了货物运输的自动化和智能化，为物流行业带来了革命性的变革。

（一）自动驾驶货车的关键技术

自动驾驶货车依赖于高精度定位技术来确定自身位置，这是实现无人驾驶的基础。目前主流的定位方式包括 GPS 或 GNSS（全球卫星导航系统），但在山区和隧道等地理因素影响下，精度可能受限。为提高定位精度，自动驾驶货车还采用 IMU（惯性测量单元）进行推算，但长时间丢失 GPS 信号会导致累计误差增大。

最新的技术包括厘米级多源定位技术和高精度地图能力，结合激光雷达、毫米波雷达、摄像头等多传感器融合技术，能提供更准确的车辆、行人等物理位置信息。

自动驾驶货车需要具备车周 360°，最长 1000 米的感知范围，以获取周围环境信息。通过多传感器融合技术和深度视觉算法，货车能够识别并跟踪车辆、行人、路标和道路状况等，提供厘米级精度物体信息。这些技术使得自动驾驶货车在复杂交通场景和恶劣天气条件下，依然能够准确感知和识别周围环境。自动驾驶货车需要根据感知到的信息，进行智能决策和规划行驶路径。这涉及对高速公路、城市道路等不同路况的建模和预测，目前模型构建和预测算法还需要进一步改进。

未来的研究将致力于提高决策算法的准确性和处理复杂场景的能力，以确保货车在不同路况下都能做出正确的行驶决策。自动驾驶货车的控制系统负责执行决策指令，控制车辆的加速、减速、转向等动作。控制系统需要具备高可靠性和实时性，确保货车能够按照规划的路径安全、稳定地行驶。随着电动化和智能化技术的发展，未来的自动驾驶货车将更加注重节能和环保，提高运输效率的同时降低对环境的影响。虽然自动驾驶货车实现了无人驾驶，但在某些情况下仍需要人类驾驶员的干预或监控。人机交互技术使得驾驶员能够方便地接管车辆控制权，确保在紧急情况下能够迅速做出反应。远程监控技术则允许管理人员实时监控货车的运行状态和位置信息，提高运输过程的安全性和可控性。自动驾驶货车的关键技术包括高精度定位技术、感知与识别技术、智能决策与规划技术、控制与执行技术以及人机交互与远程监控技术等。这些技术的不断发展和完善将推动自动驾驶货车在物流行业的应用和进一步发展。

（二）我国自动驾驶货车的法律法规与标准

全国人民代表大会通过的法案，如《中华人民共和国道路交通安全法》《机动车驾驶证申领和使用规定》等，构成了自动驾驶货车的基本法律框架。这些法律主要围绕传统驾驶车辆设计，对自动驾驶货车的具体规定尚不完善。一些地方政府也在积极探索自动驾驶货车的法规建设，如北京、上海等地已经出台了与自动驾驶相关的地方性规定。国家级指导性文件如《"十四五"数字经济发展规划》《关于支持建设新一代人工智能示范应用场景的通知》等，为无人驾驶行业的发展提供了明确的政策支持和规划。北京市在《2024年市政府工作报告重点任务清单》中提到了要持续扩大自动驾驶示范区的建设，为自动驾驶货车的应用提供了政策支持。《智能网联汽车生产企业及产品准入管理指南（试行）》《自动驾驶汽车运输安全服务指南（试行）》等文件则从准入门槛、应用场景、安全保障等方面对无人驾驶汽车行业做出了规范。在车辆尺寸、载重等方面，也有相关的标准限制，如汽车或汽车列车驱动轴的轴荷不应小于汽车或汽车列车最大总质量的25%，以及针对不同类型车辆的货箱栏板高度限制等。青岛市发布的《青岛市低速无人驾驶车辆道路测试与商业示范管理实施细则（试行）》等文件，为自动驾驶货车的道路测试和示范应用提供了具体的指导和管理依据。多个城市开始探索智能网联汽车应用具体落地途径，发布智能网联汽车道路测试与示范应用管理实施细则，为自动驾驶货车的商业化运营提供了支持。由于现有法律主要是围绕传统驾驶车辆设计，对于自动驾驶货车的法律规定尚不完善。我国需要适时修订制约产业发展的法律法规，如《中华人民共和国道路交通安全法》等，为自动驾驶货车的大规模测试示范和商业化应用提供政策和制度保障。我国自动驾驶货车的法律法规与标准正在逐步建立和完善中，涉及法律法规框架、政策支持与规划、标准制定与规范、测试与示范应用以及法律修订与制度建设等多个方面。随着技术的不断发展和应用的不断深入，相关法规和标准也必将不断完善和优化。

二、无人机配送

无人机配送，简称无人配，是指利用无人机技术进行物品的运输和配送服务。这种服务借助先进的自动驾驶技术和导航系统，实现物品的定点送达，且无须人工干预。无人机配送服务在近年来得到了快速的发展，尤其在电商、快递、紧急救援等领域展现出了巨大的潜力和价值。无人机通过内置的自动驾驶系统，能够自主规划飞行路线、自动避障、自动调整飞行姿态等，确保配送过程的安全和高效。无人机配送通常依赖于全球卫星定位系统（GPS）或类似的导航系统，以实现精确的定位和导航。无人机还可能采用视觉导航、惯性导航等多种技术，以提高定位的准确性和可靠性。无人机配送需要与地面控制中心、用户终端等进行实时通信，以传输飞行数据、接收指令等。无人机可以规避传统物流配送的交通限制，通过直接空中配送可以最大限度地节省时间。无人机的速度一般在每小时 40—60 公里，与车辆相比，无人机的速度会快上数倍，可轻松实现 24 小时不间断运营，大幅缩短了配送时间。无人机在配送过程中，可以规避安全隐患。传统的物流配送过程中可能会遭到抢劫，而使用无人机配送可以在配送过程中用监控设备来保护无人机的安全，保障物品的安全。无人机的成本相比传统的物流配送模式，成本较低。无人机无须雇用员工，无须付出薪酬福利费用，也不需要支付交通费、油费等其他费用。无人机可以解决传统物流配送中"最后一公里"的问题，将包裹直接送至用户门前，实现物流配送的精准和便捷。在紧急情况下，无人机可以快速将医疗用品、食品等急需物资送达灾区或受伤者附近，提高救援效率。无人机适用于特殊物品的配送，如药品、疫苗等需要保持常温和特定运输方式的物品。无人机可以承担传统物流配送无法涵盖的部分，如山区、水域等地区的配送任务。无人机配送具有速度快、安全、成本低等优点，将在未来的物流配送中发挥越来越重要的作用。

（一）无人机飞行控制系统

无人机配送以其高效、灵活和低成本的特点受到广泛关注。在无人机配送系统中，飞行控制系统（Flight Control System，FCS）发挥着至关重要的作用。无人机飞行控制系统是无人机的大脑，负责接收传感器数据、执行飞行指令、控制飞行姿态等。通过复杂的算法和数据处理，确保无人机能够稳定、准确地完成配送任务。负责实时收集无人机的姿态、位置、速度等信息，为控制系统提供数据支持。根据检测模块提供的数据，计算并输出控制信号，控制无人机的飞行姿态和轨迹。接收控制模块的控制信号，驱动无人机的执行机构（如电机、舵机等），实现无人机的飞行动作。为整个飞行控制系统提供稳定的电力供应。飞行控制系统通过多个传感器（如 GPS、IMU 等）实时获取无人机的姿态和位置信息，结合预设的航线信息和环境感知数据，计算出无人机的飞行轨迹和控制指令。通过控制模块将指令发送给执行模块，驱动无人机完成飞行动作。随着技术的发展，无人机飞行控制系统正逐步实现优化和智能化。例如，通过引入先进的算法和模型，提高系统的决策能力和自主性；利用大数据和云计算技术，实现对飞行数据的实时分析和处理，提高系统的性能和安全性。无人机配送其飞行控制系统是实现高效、安全配送的关键。随着技术的不断进步和应用场景的不断拓展，无人机配送将在未来发挥更加重要的作用。

（二）无人机载货与投放技术

无人机配送的载货容器设计需考虑其轻便性、耐用性以及与无人机的兼容性。容器应具有足够的结构强度来支撑和保护货物，同时保持较轻的重量以不增加无人机的负担。为确保飞行过程中的稳定性和安全性，货物在无人机上的固定方式需经过精心设计。货物的重量分布应尽可能均匀，以保持无人机的平衡。无人机的载重能力取决于其设计、动力系统和飞行控制系统。随着技术的发展，无人机的载重能力不断提高，已能满足大部分小件快递和紧急货物的配送需求。无人机投放货物时，需确保货物能够准确地投放到指定位置。这就要求无人机具备高精度的定位系统和投放机构，一些先进的无人机甚至能够在复杂的环境（如山区、河流等）中进行精准投放。在投放过程中，需考虑如何保护货物不受损坏。这包括设计合理的投放机构，确保货物在投放时能够平稳着陆，以及使用适当的包装材料来保护货物。投放过程的安全性至关重要，无人机在投放货物时应避免对地面人员、动物或建筑物造成任何伤害或损害。这要求无人机具备先进的避障功能和紧急制动系统。随着无人机技术的不断发展，载货与投放技术也在不断进步。例如，一些无人机已经实现了自动识别和抓取货物、自主规划投放路线等功能。未来，随着人工智能、物联网等技术的融合应用，无人机载货与投放技术将更加智能化和自动化，为供应链中的运输与配送环节带来革命性的变化。

（三）无人机配送的适用场景

无人机配送的适用场景广泛，特别是在一些特殊或复杂的环境中表现出色。无人机能够飞越地形障碍，直接抵达偏远地区，解决传统配送方式成本高、效率低的问题，适用于山区、海岛、沙漠等交通不便的地区，从而实现快速、高效的物资配送。在自然灾害、突发事件等紧急情况下，无人机能够迅速响应，快速送达救援物资，如食品、药品等。无人机配送能够减少人为因素造成的延误，提高救援效率。在城市或商业区域，无人机能够提供更加快速、便捷的快递配送服务。尤其在午间用餐高峰时段或交通拥堵情况下，无人机配送能够有效缓解运力不足的问题。在旅游景区，无人机能够将订单直接送达游客手中，减少游客排队等待时间，提升游客体验。无人机配送还能够解决景区内交通不便、人力配送困难的问题。无人机配送的适用场景多样，不仅能够解决传统配送方式难以覆盖的问题，还能够提高配送效率、降低成本，为现代物流领域带来革命性的变化。随着技术的不断进步和应用场景的不断拓展，无人机配送将在未来发挥更加重要的作用。

三、自动驾驶货车与无人机配送的协同

（一）协同配送的优势与挑战

自动驾驶货车与无人机配送的协同能够实现物流链的无缝对接，提高整体配送效率。货车负责长距离、大批量的运输，而无人机则负责短距离、小批量或特殊环境的配送，两者互补，形成高效配送网络。例如，货车可以将货物运送到城市边缘的配送中心，然后由无人机将货物快速送达最终用户手中，减少了"最后一公里"的配送时间。协同配送可以降低运输成本。自动驾驶货车能够全天候、连续运营，减少人力成本；无人机配送则能够减少地面交通拥堵带

来的额外成本。通过优化配送路径和资源配置，协同配送还能够降低能源消耗和排放，符合绿色物流的发展趋势。自动驾驶货车和无人机都具备先进的感知和决策能力，能够更准确地应对道路和空中交通情况，减少事故风险。特别是在恶劣天气或复杂环境下，协同配送能够确保货物安全、准时送达。自动驾驶货车和无人机配送的协同能够覆盖更广泛的配送范围，包括偏远地区、高海拔地区等传统配送方式难以到达的地方。通过无人机将货物从货车最终运送到用户手中，可以实现"门到门"的配送服务，提高客户满意度。

实现自动驾驶货车与无人机配送的协同需要解决一系列技术问题，如车辆与无人机之间的通信、协同决策、路径规划等，这需要提高自动驾驶和无人机技术的可靠性和稳定性，确保配送过程中的安全性和效率。自动驾驶货车和无人机配送的协同涉及多个领域的法律和监管问题，如交通法规、航空法规、隐私保护等。需要制定和完善相关法律法规和标准体系，明确各方责任和义务，保障协同配送的合法性和规范性。实现协同配送需要建设完善的基础设施网络，包括充电站、无人机起降点、数据中心等，需要对现有交通和航空基础设施进行改造和升级，以适应自动驾驶货车和无人机配送的需求。自动驾驶货车和无人机配送的协同需要公众的接受和信任。目前，公众对于自动驾驶和无人机技术的认知程度和安全意识还有待提高。需要通过宣传教育、示范应用等方式提高公众对协同配送的认知度和接受度。自动驾驶货车与无人机配送的协同具有显著的优势和潜力，但同时面临一系列挑战。相信通过不断的技术创新、法律完善、基础设施建设和公众教育，可以逐步推动协同配送的广泛应用和普及。

（二）协同配送的策略与实践

在供应链管理中，自动驾驶货车与无人机配送的协同成为提高运输效率、降低成本的重要策略。自动驾驶货车在长途、大批量运输中具有明显优势，而无人机则更适合短途、快速、灵活地配送。两者协同可以实现优势互补，形成完整的配送网络。根据货物的特性、目的地以及交通状况，合理规划货车与无人机的配送路线，确保货物在最短时间内送达目的地。建立信息共享平台，实时更新货车与无人机的位置、状态以及配送进度，实现信息的无缝对接，提高配送效率。自动驾驶货车将货物从配送中心运输到城市或区域的指定地点，然后由无人机完成最后一段的配送，实现"最后一公里"的快速送达。在自然灾害、突发事件等紧急情况下，无人机可以迅速到达指定地点进行紧急物资的配送，而自动驾驶货车则负责从后方运送更多的物资。在交通高峰时段，无人机可以避开拥堵的路段，快速完成配送任务，减轻货车的配送压力。利用 GPS、北斗等卫星导航系统以及地面基站，可以实现货车与无人机的精确导航与定位。通过激光雷达、摄像头等传感器，货车与无人机能够实时感知周围环境，自动避障并规划最优路径。采用 5G 等高速通信技术，能确保货车与无人机之间的信息实时传输，提高协同配送的实时性和准确性。

配送中心自动化的策略与实施

随着技术的飞速进步，机器人已成为提升供应链效率和准确性的关键力量。配送中心自动化策略涵盖了自动化仓储与搬运、先进分拣系统、自动驾驶物流车辆和无人机配送等多个方面，旨在通过引入机器人技术实现货物的高效、准确处理。实施这一策略需要选择合适的技术和设备，集成现有系统，培训员工，并持续优化以应对挑战。机器人技术的运用不仅提高了配送中心的运营效率，还满足了客户对快速、准确配送的期望。

一、自动化策略

（一）引入自动化设备

在配送中心实现自动化的过程中，引入自动化设备是至关重要的一步。这些自动化设备不仅能够极大地提高工作效率，减少人为错误，还能在高峰时段有效应对配送压力，从而确保货物能够准时、准确地送达目的地。自动分拣机是配送中心自动化的核心设备之一。它通过先进的识别技术（如条形码、RFID等）和高速的机械系统，能够实现对货物的快速、准确分拣。自动分拣机可以根据预设的规则或算法，将货物按照不同的目的地、客户或运输方式进行分类，然后自动输送到相应的区域或设备上，以便后续的处理和配送。自动分拣机的引入，可以大幅减少人工分拣的工作量，降低分拣错误率，提高分拣效率。它还可以根据实时的订单信息和库存情况，动态调整分拣策略，确保货物能够按照最优的路径进行配送。

输送带系统利用连续的、可循环的输送带，将货物从起点输送到终点，实现货物的自动传输和搬运。输送带系统可以实现与自动分拣机、货架、包装机等设备无缝对接，形成完整的自动化物流系统。输送带系统的引入，可以大幅提高货物的传输速度和搬运效率，降低人工搬运的成本和风险。它还可以根据实际需求，对输送速度和传输路径进行灵活调整，以适应不同的配送需求。

自动化仓储系统包括自动化货架、堆高机、穿梭车等设备，它们可以实现对货物的自动存储、检索和搬运。通过引入自动化仓储系统，配送中心可以实现对货物的高效管理和快速响应。自动化货架可以根据货物的尺寸、重量和形状等特性进行定制化设计，确保货物能够安全、稳定地存储。堆高机和穿梭车等设备可以自动将货物从货架上取下或放回，无须人工干预。这不仅可以提高货物的存储密度和检索速度，还可以降低人力成本和提高工作效率。

无人搬运车（如自动导引车 AGV 和自主移动机器人 AMR）是配送中心自动化的重要补充。它们可以在仓库内部自主导航、搬运货物，并与其他自动化设备协同工作。无人搬运车可以替代人力完成烦琐的搬运任务，减轻工人劳动强度，并提高搬运效率。无人搬运车通常配备有传感器、摄像头和控制系统等先进设备，能够实时感知周围环境、规划路径并避免碰撞。它们可以根据预设的路线或实时的任务需求进行自主导航和搬运，确保货物能够准时、准确地送达目的地。

引入自动化设备是配送中心自动化的重要策略之一。通过引入自动分拣机、输送带系统、自动化仓储系统和无人搬运车等设备，配送中心可以实现对货物的快速、准确分拣和配送，提高工作效率和降低人力成本。这些自动化设备还可以根据实际需求进行灵活调整和优化，以适应不同的配送需求和市场变化。

（二）加强信息化建设

在配送中心自动化的过程中，加强信息化建设是不可或缺的一环。通过引入先进的信息系统和物流管理软件，配送中心能够实时监控和掌握货物的流向、库存情况等重要信息，从而实现更高效的仓储管理和配送操作。配送中心需要建立先进的信息系统，如仓储管理系统（WMS）、运输管理系统（TMS）等，以支持其日常运营。这些系统能够实时收集、处理和传输数据，为管理者提供决策支持。例如，WMS 可以帮助配送中心实现库存的实时追踪、货物位置的精确定位以及库存水平的动态调整。TMS 则能够优化配送路线、降低运输成本，并实时监控货物的运输状态。物联网技术通过将各种设备、传感器和软件连接在一起，实现对数据的实时收集和分析。在配送中心中，物联网技术可以应用于货物的追踪、设备的监控以及环境的控制等方面。通过在货物上安装 RFID 标签或传感器，配送中心可以实时掌握货物的位置、状态以及温度等信息，确保货物在运输和存储过程中的安全和质量。物联网技术还可以帮助配送中心实现对设备的实时监控和维护，确保设备的正常运行和延长使用寿命。随着数据量的不断增加，大数据分析在配送中心自动化中发挥着越来越重要的作用。通过对历史订单、库存数据、运输数据等进行分析，配送中心可以预测未来的订单趋势、库存需求和运输压力，从而提前做好准备和及时调整。例如，通过分析历史订单数据，配送中心可以预测某个地区的订单增长趋势，并提前增加该地区的库存量和配送能力。此外，大数据分析还可以帮助配送中心优化库存周转、降低库存成本以及提高客户满意度等方面。云计算技术为配送中心提供了强大的计算和存储能力。通过将数据和应用程序部署在云端服务器上，配送中心可以随时随地访问和使用这些资源，无须担心硬件设备的限制和更新问题。云计算技术还可以实现数据的实时备份和恢复功能，确保数据的安全性和可靠性。在配送中心自动化中，云计算技术可以支持各种信息系统和物流管理软件的运行，并提供强大的数据处理和分析能力。随着信息化的不断深入，信息安全问题也愈加凸显。在加强信息化建设的过程中，配送中心必须高度重视信息安全问题。通过采用防火墙、加密技术、访问控制等安全措施，配送中心可以确保数据的安全性和保密性。定期对系统和数据进行安全审计和风险评估也是必要的措施之一。通过引入先进的信息系统和物流管理软件、应用物联网技术和大数据分析等方法以及采取安全措施，配送中心可以实现更高效的仓储管理、更准确的配送操作以及更安全的数据保护，这将有助于提升配送中心的竞争力和市场地位。

（三）提高配送速度

在配送中心自动化的过程中，提高配送速度是优化整体供应链效率的关键一环。通过优化配送路线、利用大数据分析预测订单趋势以及运用 AI 算法进行动态调度，配送中心可以显著缩短配送时间，提升客户满意度。配送路线的优化是提升配送速度的基础。配送中心可以借助地理信息系统（GIS）和先进的路线规划算法，根据实时交通状况、货物量、配送点分布等信息，为车辆规划出最优的配送路径。这种优化不仅能减少行驶距离和时间，还能自动避开拥堵路段，确保货物能够准时送达。大数据分析在预测订单趋势方面发挥着重要作用。通过对历史订单数据、市场趋势、促销活动等因素进行综合分析，配送中心可以预测未来一段时间内的订单增长趋势、热门商品和区域等。基于这些预测，配送中心可以提前做好库存准备、增加配送频次和运力等，以应对可能的订单高峰，确保配送的及时性和准确性。AI 算法在配送中心的动态调度中扮演着关键角色。通过实时收集和分析车辆位置、货物状态、订单信息等数据，AI 算法可以自动调整配送计划，实现资源的优化配置。例如，当某个区域的订单量突然增加时，AI 算法可以迅速调派附近的车辆前往支援，确保该区域的订单能够及时处理和配送。此外，AI 算法还可以根据车辆的实时位置和货物量等信息，自动为车辆分配任务和调整路线，以提高整体配送效率。随着技术的不断发展，智能配送设备如无人机、无人车等逐渐成为提高配送速度的重要工具。这些设备具有快速、灵活、准确的特点，可以在短时间内完成大量货物的配送任务。特别是在城市拥堵或偏远地区，智能配送设备可以发挥独特优势，突破传统配送方式的限制，提高配送效率和服务质量。通过优化配送路线、利用大数据分析预测订单趋势以及运用 AI 算法进行动态调度等措施，配送中心可以显著提高配送速度，优化整体供应链效率，这将有助于提升客户满意度和市场竞争力，从而为企业创造更大的价值。

二、自动化实施

（一）基础设施升级

在配送中心自动化的实施过程中，基础设施升级是首要任务，它直接影响后续自动化设备和系统的运行效率和效果。基础设施升级主要包括引入更先进的自动化设备、传感器和自动化仓储管理系统等，这些都将为配送中心的自动化配送提供强有力的技术支持。在基础设施升级中，引入先进的自动化设备是至关重要的一步。这些设备包括但不限于自动分拣机、无人搬运车（AGV/AMR）、自动化货架、堆高机等。这些设备能够大幅提高配送中心的作业效率，减少人力成本，降低错误率，并提升整体供应链的响应速度。传感器技术在配送中心自动化中发挥着重要作用。通过在关键位置安装传感器，配送中心可以实时收集和分析各种数据，如温度、湿度、光照、压力等，从而实现对货物存储环境的精确控制。此外，传感器还可以用于监测设备的运行状态，及时发现并处理设备故障，确保配送中心的正常运行。自动化仓储管理系统是配送中心自动化的核心组成部分，该系统能够实时跟踪货物的入库、存储、出库等全过程，并与其他系统进行数据交互，实现信息的共享和协同。通过自动化仓储管理系统，配送中心可以实现对库存的精确管理，提高库存周转率，降低库存成本。该系统还可以根据订单信息和库存情况，自动调整配送计划和路线，确保货物能够准时、准确地送达目的地。在基础设施升级过程中，实现基础设施的网络化也是必不可少的。通过将各种设备和系统连接到网络中，配送中心可以实现对设备的远程监控和控制，提高设备的利用率和可靠性。网络化还可以实现信息的快速传输和共享，为配送中心的决策提供有力支持。在基础设施升级过程中，还需要关注能源与环保设施的升级。通过引入节能设备、优化能源利用方式以及建立废弃物回收和处理系统等措施，配送中心可以降低能源消耗和环境污染，从而实现可持续发展。基础设施升级是配送中心自动化实施的关键环节，通过引入先进的自动化设备、传感器和自动化仓储管理系统等，配送中心可以实现对货物的快速、准确配送，提高整体供应链的效率和响应速度。基础设施的网络化和能源与环保设施的升级也是确保配送中心可持续发展的重要措施。

（二）自动化配送流程优化

在配送中心自动化的实施过程中，配送流程的优化是确保高效运作的关键环节。通过对订单分拣、装箱、称重、打印标签、扫描、分拣、装车和派送等流程进行细致分析和精准优化，可以显著提高配送效率，降低运营成本，并提升客户体验。特别是订单分拣和分拣环节，通过引入物流机器人、自动化货架和传感器等先进技术，可以实现货物的自动化分拣和打包，进一步推动配送流程的自动化和智能化。订单分拣是配送流程中的核心环节，涉及将大量订单按照不同的配送地址、货物种类和数量进行快速准确的分类。传统的分拣方式依赖于人工操作，不仅效率低下，而且容易出错。通过引入物流机器人和自动化货架，可以实现订单的自动化分拣。物流机器人可以根据预设的程序和算法，在货架间快速穿梭，准确地找到并搬运货物到指定的分拣区域。自动化货架采用先进的识别技术和控制系统，能够实时跟踪货物的位置和状态，确保分拣的准确性和及时性。在分拣环节，通过引入传感器和智能识别技术，可以实现对货物的自动识别和分类。传感器可以实时感知货物的尺寸、重量和形状等信息，并将其传输到分拣系统中。智能识别技术则可以根据货物的特性，自动判断其所属的类别和配送要求。基于这些信息，分拣系统可以自动调整分拣策略，将货物按照最优的路线和顺序进行分拣，提高分拣的效率和准确性。装箱和称重是配送流程中的另一个重要环节，通过引入自动化装箱机和称重设备，可以实现货物的自动装箱和称重。自动化装箱机可以根据货物的尺寸和数量，自动选择合适的箱子进行装箱，并确保货物在箱子中的稳定和安全。称重设备则可以实时测量货物的重量，并将其与订单信息进行比对，确保货物的重量与订单要求一致。这些自动化设备的引入，不仅提高了装箱和称重的效率，也降低了人为错误发生的可能性。在配送过程中，每个货物都需要贴上标签以便追踪和管理。通过引入自动化标签打印机和扫描设备，可以实现标签的自动打印和扫描。自动化标签打印机可以根据订单信息自动打印出符合要求的标签，并将其粘贴在货物上。扫描设备则可以实时扫描货物的标签信息，并将其传输到系统中进行比对和验证。这些自动化设备的引入，不仅提高了标签打印和扫描的效率，还确保了标签信息的准确性和一致性。在配送的最后阶段，装车和派送是确保货物准时送达的关键环节。通过引入自动化装车和派送系统，可以实现货物的自动装车和派送。自动化装车系统可以根据货物的特性和配送要求，自动选择合适的车辆和装载方式，确保货物在运输过程中的安全和稳定。派送系统则可以根据实时的交通状况和订单信息，自动规划最优的派送路线和时间，确保货物能够准时送达到客户手中。通过对配送流程的自动化优化，配送中心可以实现高效、准确和及时的配送服务。这不仅提高了客户的满意度和忠诚度，还降低了运营成本、提升了企业的竞争力。在未来，随着技术的不断进步和应用场景的不断拓展，配送中心的自动化水平将会得到进一步提高和完善。

（三）持续升级与优化

在配送中心自动化的实施过程中，持续升级与优化是确保自动化系统始终保持最佳状态的关键步骤，包括对现有自动化设备的定期维护和升级，以及对作业流程的不断优化，以适应市场和技术的快速发展。通过这一过程，配送中心能够持续提升其整体运作效能，保持竞争力。随着自动化设备在配送中心的广泛应用，设备的稳定性和可靠性对于整个供应链的正常运作至关重要。因此，定期的设备维护是确保自动化设备高效运行的基础。通过定期检查设备的运行状态，及时发现并修复潜在问题，可以避免设备故障对配送流程造成的不必要中断。随着技术的不断进步，新的自动化设备和系统不断涌现，为了保持配送中心的竞争力，配送中心需要定期对现有设备进行升级，引入新的技术和功能。这不仅可以提高设备的性能和效率，还可以降低能源消耗和维护成本，实现绿色可持续发展。在配送中心自动化的过程中，作业流程的优化是提升整体运作效能的关键。随着市场和技术的发展，配送中心需要不断适应新的需求和挑战，对作业流程进行持续优化。配送中心可以通过引入先进的物流管理系统和数据分析工具，对订单、库存、运输等数据进行实时监控和分析。基于这些数据，配送中心可以更加准确地预测市场需求和订单趋势，从而提前调整库存和运力，确保货物的及时供应。配送中心可以通过引入更多的自动化设备和技术，如自动化分拣系统、智能搬运机器人等，替代传统的人工操作。这些自动化设备和技术能够大幅提高作业效率，降低人力成本，并减少人为错误。配送中心还可以通过优化作业流程中的各个环节，如入库、存储、拣选、包装、发货等，提高整体运作效率。例如，通过引入智能货架和智能识别技术，可以实现对货物的快速定位和查找；通过优化货物的打包方式，可以提高运输效率并降低破损率。在持续升级与优化的过程中，引入新技术和创新是推动配送中心自动化不断发展的重要动力。随着物联网、人工智能、大数据等技术的不断发展，配送中心要积极探索并引入这些新技术，以提高自动化水平和运作效率。例如，物联网技术可以实现设备之间的互联互通和数据共享，为配送中心提供更加全面和准确的信息支持；人工智能技术可以通过机器学习和深度学习等算法，对订单和库存数据进行智能分析和预测，为配送中心提供更加科学的决策支持；大数据技术则可以对海量的数据进行深度挖掘和分析，发现隐藏在数据中的价值信息，为配送中心的优化和升级提供有力支持。持续升级与优化是确保配送中心自动化系统始终保持最佳状态的关键步骤。通过定期维护和升级设备、优化作业流程以及引入新技术和创新，配送中心可以不断提升其整体运作效能，保持竞争力并适应市场的快速发展。

配送中心的自动化策略与实施需要综合考虑设备引入、信息化建设、配送速度提升以及基础设施升级、流程优化、技术支持与培训等多个方面。通过全面的自动化改造，配送中心可以实现更高效、准确的物流配送服务，从而提高企业竞争力并满足客户需求。

三、配送中心自动化的整体规划

（一）自动化需求分析

在规划配送中心自动化时，需要进行全面的自动化需求分析，分析过程旨在明确配送中心当前面临的挑战、潜在改进点以及自动化能够给企业带来的具体效益。评估现有配送中心的处理能力和效率水平。通过统计和分析数据，识别出在仓储、分拣、搬运等环节中的"瓶颈"和效率低下的问题点。详细计算人力、时间、设备和能源消耗等成本，并对比自动化前后的成本差异。这有助于明确自动化投资的经济回报和潜在价值。分析配送中心对货物处理准确性的要求。自动化技术，如机器人和自动化分拣系统，能够显著提高分拣和搬运的准确性，减少人为错误。充分考虑配送中心的物理空间、布局和现有设备。自动化系统的设计和实施需要适应现有的空间布局，并充分利用空间资源。评估现有技术水平和市场上可用的自动化解决方案。考虑技术的成熟度、稳定性、可靠性和可扩展性，以确保自动化系统的有效性和可持续性。注意分析自动化对配送中心员工的影响。自动化可能减少一些人力需求，但也可能创造新的工作岗位，如机器人操作员、维护工程师等。要考虑客户需求和期望的变化。随着电商的兴起和消费者对快速、准确配送的需求增加，自动化已成为提高客户满意度的关键手段之一。配送中心自动化的整体规划中的自动化需求分析是一个全面的过程，需要综合考虑效率、成本、准确性、空间布局、技术可行性、人力资源和客户需求等多个方面。通过深入分析，可以明确自动化投资的方向和重点，并为后续的自动化系统设计、实施和优化提供有力支持。

（二）自动化流程设计

自动化流程设计需要综合考虑配送中心的业务需求、现有资源以及技术可行性，以确保自动化系统的高效、准确和稳定运行。对配送中心的业务需求进行深入分析，明确需要自动化的具体环节和流程。评估各环节的作业量、作业频率和作业时间，确定自动化的优先级和规模。根据需求分析结果，选择适合的自动化技术和设备。这可能包括自动化仓储系统、搬运机器人、分拣机器人、自动驾驶物流车辆等。考虑技术的成熟度、稳定性、可靠性和可扩展性，确保所选技术能够满足业务需求并适应未来的发展。对现有配送流程进行优化，减少不必要的环节和等待时间，提高整体效率。设计合理的货物流动路径，确保货物能够快速、准确地从入库到出库。引入先进的算法和模型，如路径规划算法、货物分配算法等，提高自动化系统的决策效率和准确性。将所选的自动化技术与现有的物流配送中心系统进行集成，实现信息的实时共享和协同作业。与仓储管理系统（WMS）、订单管理系统（OMS）、运输管理系统（TMS）等进行无缝对接，确保数据的准确性和一致性。设计一个全面的监控和管理系统，用于实时监测自动化设备的运行状态和物流配送中心的整体运行情况。通过数据分析功能，对物流配送中心的各项指标进行统计和分析，为决策提供数据支持。设立预警和报警机制，及时发现和处理异常情况，确保自动化系统的稳定运行。应对配送中心的员工进行全面的自动化技术和设备操作培训，确保他们能够熟练地使用和维护自动化设备。制定详细的操作规范和安全标准，确保员工在操作过程中遵循规定并注意安全。定期对自动化系统的运行情况进行评估和改进，根据实际需求和技术发展进行迭代升级。收集用户反馈和数据分析结果，不断优化自动化流程和提升系统性能。通过以上步骤和要点的自动化流程设计，可以确保配送中心自动化系统的高效、准确和稳定运行，为供应链的运输与配送环节提供有力支持。

四、自动化设备的选择与部署

（一）货物识别与分类设备

1. 货物识别

在配送中心，货物识别与分类是确保货物正确、高效流转的关键环节。通过引入自动化设备，可以显著提高货物识别的准确性和分类的效率，从而优化配送中心的运作。通过扫描货物上的条形码，实现快速、准确的货物识别。条形码识别设备具有成本低、识别速度快、准确性高等优点，广泛应用于各类配送中心。利用无线射频技术，实现对货物的非接触式识别。RFID 设备识别距离远、速度快，可同时识别多个标签，十分适用于对货物进行批量识别。利用计算机视觉技术，通过对货物图像的识别和分析，实现货物的分类和识别。图像识别设备适用于对形状、颜色等特征明显的货物进行分类和识别。

2. 部署策略

不同的货物具有不同的特性，如大小、形状、材质等。在选择货物识别与分类设备时，需要根据货物的特性进行选择，以确保设备能够有效地识别和分类货物。在配送中心，需要合理布局货物识别与分类设备，以确保货物在流转过程中能够顺畅地通过设备进行识别和分类。设备的布局应考虑到货物的流动路径、设备的识别范围等因素。将货物识别与分类设备与现有的仓储管理系统（WMS）、订单管理系统（OMS）等进行集成，实现信息的实时共享和协同作业，这有助于提高配送中心的运作效率和准确性。

在配送中心自动化的策略与实施中，选择合适的货物识别与分类设备并合理部署是确保配送中心高效、准确运作的关键环节之一。通过引入先进的技术手段和设备，可以显著提高配送中心的运作效率和准确性，为客户提供更好的服务体验。

（二）货物搬运与存储设备

自动化搬运机器人（AMR）利用先进的导航和避障系统，AMR能在仓库环境中自主移动，高效运输货物、执行库存拣选和盘点任务。它们提高了仓库操作的吞吐量，减少了人工搬运任务，降低了人为错误的风险。堆高机与叉车适用于立体仓库的货物搬运，能够准确、快速地完成货物的上架和下架操作。自动化立体仓库通过高层货架储存货物，以巷道堆垛起重机存取货物，实现货物的高效存储和取出。与传统仓库相比，自动化立体仓库能够节约空间、提高仓库管理水平，并减少货损。

应根据仓库结构和作业需求选择设备。不同的仓库结构和作业需求需要不同类型的搬运与存储设备。例如，对于高层货架，需要选择堆高机或叉车；对于自动化水平较高的仓库，需要选择AMR和自动化立体仓库。设备的布局应考虑到货物的流动路径、设备的作业范围等因素，确保货物能够顺畅地通过设备进行搬运和存储。将货物搬运与存储设备与现有的仓储管理系统（WMS）、订单管理系统（OMS）等进行集成，实现信息的实时共享和协同作业。

自动化搬运机器人和堆高机等设备能够24小时不间断工作，大大提高了搬运效率。通过引入自动化设备，可以减少人工搬运任务，降低人工成本。自动化设备按照预设程序进行作业，减少了人为错误的风险。自动化立体仓库等设备的引入，使仓库管理更加科学、规范，并提高了仓库的管理水平。

自动化立体仓库比普通仓库效率高。以库存11000托盘、月吞吐量10000托盘的冷库为例，自动化立体仓库占地面积为13%，工作人员为21.9%，吞吐成本为55.7%，总投资为63.3%。立体仓库的单位面积储存量为普通仓库的4—7倍。货物搬运与存储设备在配送中心自动化中扮演着重要角色，通过选择合适的设备并合理部署，可以显著提高配送中心的运作效率和准确性。

（三）机器人与AGV（自动导引车）

在配送中心，机器人的应用主要集中在货物搬运、拣选、分类等方面。常见的机器人类型包括AGV智能搬运机器人、货到人拣选机器人等。这些机器人通常具备高度的自动化和智能化水平，能够大幅提高配送中心的作业效率。

在选择机器人时，需考虑仓库的大小、货物的种类和数量、搬运距离等因素。还需要考虑机器人的导航技术、载荷能力、电池续航能力等关键技术指标。机器人的部署应根据仓库的布局和作业流程进行规划。通常，机器人会配备自动充电系统，以确保在作业过程中不用人工干预。此外，还需要建立与 WMS（仓储管理系统）等系统的数据连接，以实现信息的实时共享和作业协同。引入机器人可以显著减少人工搬运和拣选的工作量，降低人工成本。机器人作业效率高、准确性好，能够降低货损率并提高客户满意度。机器人还可以实现 24 小时不间断作业，提高仓库的吞吐能力。例如，引入 AGV 智能搬运机器人后，某配送中心的货物搬运效率提高了 30%，人工成本降低了 20%。

AGV（自动导引车）是一种能够在预设路径上自主导航、搬运货物的无人搬运车。它具备自动充电、避障、路径规划等功能，可以适应复杂的仓库环境。在选择 AGV 时，需考虑仓库的地面状况、搬运距离、搬运货物的重量和尺寸等因素。还需要考虑 AGV 的导航技术、载荷能力、速度等性能指标。AGV 的部署需要根据仓库的布局和作业流程进行规划。通常，AGV 会与 WMS 等系统进行集成，以实现信息的实时共享和作业协同。此外，还需要设置合理的充电站和维修站点，以确保 AGV 的稳定运行。引入 AGV 可以大幅提高货物搬运的自动化水平，从而降低人工搬运的劳动强度。AGV 作业效率高、准确性好，能够降低货损率并提高仓库的吞吐能力。AGV 还可以实现与其他自动化设备的协同作业，进一步提高整个配送中心的自动化水平。据统计，引入 AGV 后，某大型电商配送中心的货物搬运效率提高了 40%，人工成本降低了 30%。

五、配送中心自动化的效益评估

（一）效率提高与成本节约

引入自动化立体仓库（AS/RS）和自动化拣选机器人，显著提高了货物存取的效率。根据研究，自动化拣选系统相比传统人工拣选，效率可提高 30%—50%。应用无人驾驶叉车、无人搬运车（AGV）或自主导航车辆（AMR）进行物料搬运，减少了人工搬运的时间和错误率，提高了整体物流效率。语音拣选系统、灯光拣选系统或 Pick-to-Light 系统等智能拣选技术的应用，极大地提升了拣选的准确性和速度。据统计，智能拣选系统的拣选准确率可接近 100%，同时拣选速度相比传统方式可提高 20% 以上。配送中心自动化不仅提高了物理层面的效率，还通过数据分析和优化，帮助物流企业作出更精准的决策，进一步优化整个物流过程。配送中心自动化减少了对大量人力的依赖，降低了人力成本。根据行业报告，自动化配送中心的人力成本相比传统配送中心可降低 20%—30%。自动化仓储系统结合精确的库存管理技术（如条码 /RFID 技术），能更准确地追踪库存，减少库存积压和过剩的风险，从而降低了库存成本。自动化配送中心通过提高作业效率和准确性，减少了因错误和延误而产生的额外成本。此外，由于减少了人力需求和错误率，设备的维护和损坏成本也相应降低。自动化配送中心通常使用高效的能源管理系统，通过优化能源使用，降低了能源消耗和相关的运营成本。配送中心自动化在效率提高和成本节约方面带来了显著的效益。随着技术的不断进步和成本的逐步降低，自动化配送中心将在未来的供应链中发挥更加重要的作用。

（二）服务质量与客户满意度

配送中心自动化通过机器人和智能系统，实现了快速、准确地配送。机器人可以在短时间内完成大量货物的拣选、搬运和装载，大大提高了配送效率。机器人能够按照预设的程序和算法进行作业，减少了人为错误，提高了配送的准确性。据研究，自动化配送中心的配送准确率可接近 100%，极大地提升了客户满意度。配送中心自动化不仅关注配送速度，还注重物流包装的优化。通过引入自动化包装设备和机器人包装系统，可以实现包装的标准化、规范化和个性化。良好的包装不仅可以保护商品免受损坏，还可以提升品牌形象和客户购物体验。自动化包装系统可以根据商品特性和客户需求进行定制包装，满足客户的个性化需求。配送中心自动化通过引入信息管理系统和物联网技术，实现了对货物的实时追踪和监控。客户可以通过手机或电脑随时查询货物的配送状态和位置信息。这种实时追踪配送信息的服务增加了物流过程的透明度，让客户更加放心和满意。配送中心还可以根据客户的需求提供定制化的配送服务，进一步提升客户满意度。配送中心自动化还注重客户反馈信息的收集和分析，通过收集客户的评价和建议，配送中心可以了解客户对服务的满意度和不足之处。根据客户反馈，配送中心可以及时调整和优化配送策略和服务流程，持续提高服务质量。这种持续改进的态度也是提高客户满意度的重要因素之一。配送中心自动化在服务质量与客户满意度方面带来了显著的效益。通过快速配送、准确配送、物流包装优化、实时追踪和持续改进等措施，配送中心自动化能够提升客户满意度和忠诚度，为企业赢得更多的市场份额和竞争优势。

第五章

供应链中的机器视觉系统

本章专注于探讨供应链中的机器视觉系统。随着科技的不断进步，机器视觉系统凭借其高精度、高效率、实时性和智能化的特点，正在供应链管理中发挥着日益重要的作用。这一章节将深入解析机器视觉系统如何实时监控生产线的运行状态，确保生产线的稳定运行；如何对产品进行全面检测，提高产品质量和客户满意度；如何在物流过程中追踪货物，实现实时追踪和定位，提高物流效率；以及如何实时统计库存数量，预测库存需求，助力企业实现库存的精细化管理。尽管机器视觉系统仍面临一些技术挑战，如光照条件、图像质量和算法优化等问题，但随着技术的不断发展和应用场景的拓展，期待更加智能化、高效化的机器视觉系统为供应链管理带来更多的创新和变革。

视觉系统的作用与技术

在供应链管理的复杂环境中，机器视觉系统以其独特的优势成为一个重要的组成部分，本节将深入探讨机器视觉系统在供应链中的作用与技术特点，旨在让读者对机器视觉系统进行全面而深入的理解。机器视觉系统凭借其实时监控与预测、质量检测与控制、物流追踪与定位以及库存管理与优化等多重作用，为供应链管理带来了前所未有的便利和效率提高。机器视觉系统的高精度、高效率、实时性和智能化等技术特点，使其成为实现供应链自动化和智能化的关键工具，相信随着技术的不断发展和应用场景的拓展，机器视觉系统在未来会为供应链管理带来更多创新和变革。

一、机器视觉系统的基本概念

（一）机器视觉的定义与原理

机器视觉是一种基于人类视觉原理和模式识别技术的人工智能技术，是运用计算机视觉技术模拟人类视觉系统的一种新型技术手段，通俗地讲就是通过摄像机模拟人眼来捕捉图像信息，并从捕捉到的图像中提取关键信息加以分析处理的一种新兴人工智能技术。

机器视觉涵盖了利用计算机和相关设备来模拟人类视觉系统的功能，实现对图像和视频的获取、处理、分析和理解。这一技术不仅涉及了计算机科学、图像处理、模式识别、人工智能等多个学科的知识，还结合了光学、机械、电子等工程技术的应用。通过摄像机或其他图像采集设备，获取目标物体的图像或视频信息。这一步骤中，图像的质量、分辨率、色彩深度等因素对后续处理的效果有着重要影响。对获取的图像进行必要的预处理，如去噪、增强、滤波等，以提高图像的质量和特征的可识别性。从预处理后的图像中提取出与目标物体相关的特征信息，如边缘、纹理、颜色等。这些特征信息将成为后续分析和识别的依据。根据提取的特征信息，运用模式识别、机器学习等算法，对图像中的目标物体进行识别、分类、定位等操作。这一步骤中，算法的选择和优化对识别的准确率和效率起着决定性作用。将识别和分析的结果以适当的形式输出，如显示、打印、存储等，并根据需要向控制系统发出指令，实现对目标物体的操作或控制。还要根据输出结果对系统进行反馈和调整，以优化系统的性能和效果。

在供应链中，机器视觉系统发挥着越来越重要的作用。通过机器视觉技术，可以实现对供应链中各个环节的自动化、智能化监控和管理，提高供应链的效率和准确性。例如，在仓储和物流环节，机器视觉系统可以实现对货物的自动识别、分类、计数和跟踪等功能；在生产环节，机器视觉系统可以实现对产品质量的自动检测和评估等功能。这些应用不仅提高了供应链的自动化水平，还降低了人力成本和错误率，提高了供应链的竞争力和可持续发展能力。

（二）机器视觉与传统视觉的区别

机器视觉与传统的人类视觉在多个方面存在显著的区别，这些区别不仅体现在技术实现上，也体现在应用场景、处理速度和适应性等方面。机器视觉利用计算机和相关设备模拟人类视觉系统的功能，通过图像摄取装置（如CMOS和CCD摄像头）将目标转换成图像信号，并通过专用的图像处理系统进行分析和处理。这一过程涉及图像处理、模式识别、人工智能等多个领域的技术。传统视觉依赖人类眼睛和大脑的自然处理能力，通过眼睛捕捉光线并将其转化为神经信号，然后由大脑进行解释和理解。

机器视觉广泛应用于工业自动化、质量检测、物流追踪、智能监控等领域。在供应链中，机器视觉系统可以实现对货物的自动识别、分类、计数和跟踪等功能，提高生产效率和准确性。传统视觉，虽然也广泛应用于日常生活和工作中，但在自动化和大规模数据处理方面存在局限。机器视觉则通过高效的硬件和算法实现快速的图像处理和分析。可以在短时间内处理大量的图像数据，并做出相应的决策。在某些应用中，机器视觉系统的处理速度甚至可以达到毫秒级。传统视觉，虽然人类视觉具有高度的灵活性和适应性，但在处理速度上相对较慢。人类视觉通常需要更长的时间来捕捉、分析和理解图像信息。机器视觉的算法和模型需要经过训练和调整才能适应不同的场景和任务。一旦训练完成，机器视觉系统可以在各种环境下稳定运行，并且不受人类疲劳和主观因素的影响。传统视觉具有很强的适应性和灵活性，人类可以轻松地适应不同的光线、角度和距离，并对不同的情境作出相应的反应。机器视觉由于是基于算法和数据分析，因此可以提供更加客观和可靠的结果。它不受人类主观因素和情感的影响，能够持续稳定地工作。传统视觉在某些情况下可能会受到主观因素和情感的影响，导致判断结果的不一致性和不确定性。机器视觉对于颜色、形状、尺寸等特征的识别具有较高的可量化性和精度。它可以通过精确的算法和数据分析来提取图像中的关键信息，并给出准确的结果。传统视觉，虽然人类视觉在颜色、形状、尺寸等方面具有很高的识别能力，但在某些情况下可能会受到视觉疲劳、光线变化等因素的影响，导致识别精度的下降。机器视觉系统以其高效、客观、可靠的特点在工业自动化、质量检测、物流追踪等领域发挥着越来越重要的作用。随着技术的不断发展和应用场景的不断拓展，机器视觉系统的应用前景将更加广阔。

二、机器视觉系统的核心技术

（一）图像处理技术

图像处理技术是机器视觉系统的核心，它涉及对图像进行各种运算和处理，以提高图像质量、提取有用信息或进行图像识别与分析。图像增强旨在改善图像的视觉效果，强调图像中的有用信息，削弱或去除不需要的信息，包括对比度增强、直方图均衡化、滤波等，这些方法可以提高图像的清晰度和辨识度。消除图像中的噪声和干扰，使图像更平滑或突出图像中的某些特征。包括均值滤波、中值滤波、高斯滤波等，它们适用于不同的噪声类型和图像特征。边缘检测是图像处理中用于识别图像中亮度变化剧烈的区域的技术，这些区域通常对应于物体的边缘。常见的边缘检测方法有 Sobel 算子、Canny 算子、Prewitt 算子等，它们通过计算图像中像素的梯度来检测边缘。从图像中提取出与目标物体相关的特征信息，如形状、纹理、颜色等，包括 HOG（方向梯度直方图）、SIFT（尺度不变特征变换）、SURF（加速鲁棒特征）等算法，这些算法可以提取出图像中的稳定且具有区分性的特征。图像分割是将图像划分为若干个具有相似性质的区域或目标的过程，包括阈值分割、区域生长、聚类分割等方法，这些方法可以根据像素的灰度、颜色、纹理等特性进行分割。根据提取的特征信息，对图像中的目标物体进行识别、分类、定位等操作。包括模板匹配、决策树、支持向量机（SVM）、神经网络等方法，这些方法可以对图像中的目标物体进行准确识别和分析。图像处理技术在机器视觉系统中直接影响着系统的性能和效果。随着计算机技术和人工智能技术的不断发展，图像处理技术也在不断进步和创新，为机器视觉系统提供了更加先进和高效的解决方案。在供应链中，图像处理技术可以帮助机器视觉系统实现对货物的自动识别、分类、计数和跟踪等功能，从而提高供应链的效率和准确性。

（二）视觉识别与定位

视觉识别是指通过机器视觉系统对图像或视频中的目标进行自动识别和分类的过程。通过图像处理技术从图像中提取目标的关键特征，如颜色、形状、纹理等。这些特征通常用于后续的目标匹配和识别。将提取出的目标特征与已知的目标特征库进行比较，找到最为匹配的目标。这一过程可以基于不同的匹配算法，如最近邻搜索、支持向量机等。在供应链中，机器视觉系统可以识别不同种类的货物，如通过条形码、二维码或 RFID 标签进行识别。在制造业中，机器视觉系统可以检测产品是否存在缺陷，如尺寸不符、颜色不均等。视觉定位是指通过机器视觉系统确定目标在图像或三维空间中的位置和方向。确定相机的内外参数，然后将图像坐标系和实际坐标系之间的映射关系确定下来，这是实现精确定位的基础。在环境中提取物体特征，并在图像中进行匹配搜索，找到特定物体的位置。利用相机的参数和特征匹配结果，估计物体相对于相机的平移和旋转参数。通过机器视觉系统对道路及道路标志物体进行定位，实现车辆的自动驾驶。在生产线上，机器视觉系统可以精确定位物体，从而进行抓取、装配等操作。在复杂环境中，机器视觉系统可以帮助机器人实现自主导航。在供应链中，机器视觉系统的视觉识别与定位技术通过精确的目标识别和定位，机器视觉系统可以大大提高供应链的自动化和智能化水平，提高生产效率、降低错误率，并为企业带来更大的经济效益。随着技术的不断进步，机器视觉系统在供应链中的应用将会越来越广泛。

（三）3D 视觉技术

3D 视觉技术是一种使机器或系统能够识别并处理空间中物体的三维信息的技术。与传统的 2D 视觉仅处理平面图像不同，3D 视觉技术则通过捕捉和分析场景的深度信息，为机器提供更加丰富和准确的环境理解能力。3D 视觉技术主要通过基于激光或光学的传感器和相机捕捉、处理和理解现实场景中的三维信息，实现自动的三维检测、定位、跟踪和分析。传感器是 3D 视觉技术的核心组成部分，能够捕捉场景中被检测物体的三维坐标和外观特征。通常使用高性能的 3D 相机或传感器获取场景的深度图像，并进行必要的预处理，如去噪、滤波等，以提高后续处理的准确性。从深度图像中提取出有意义的特征，如边缘、表面形状、体积等，并将其表示为计算机可以理解和处理的形式。利用先进的算法和模型（如深度学习模型），在深度图像中检测并识别出特定的目标物体，如货物、工件等。结合多帧深度图像和其他传感器数据，对复杂场景进行理解和分析，如进行路径规划、障碍物检测等。在制造业中，3D 视觉技术可用于产品检测、装配、机器人导航等场景，提高生产效率和产品质量。在仓储物流领域，3D 视觉技术可以帮助机器人实现自主导航、货物识别与定位等功能，提高物流效率。在医学影像领域，3D 视觉技术可用于从 CT 或 MRI 扫描图像中提取器官的三维信息，辅助医生进行手术规划和精确操作。尽管 3D 视觉技术已经取得了显著进展，但仍面临一些挑战，如算法复杂度、实时性、鲁棒性等。但随着计算能力的提升和算法的优化，未来的 3D 视觉技术将更加高效、准确和智能。深度学习、强化学习等先进的人工智能技术将进一步推动 3D 视觉技术的发展，使其在供应链中发挥更大的作用。随着技术的不断进步和应用场景的拓展，3D 视觉技术将为供应链的自动化和智能化提供更有力的支持。

三、机器视觉系统的硬件配置

（一）摄像头与传感器

摄像头是机器视觉系统的"眼睛"，负责捕捉图像信息。根据应用场景和要求的不同，摄像头可以分为多种类型，如黑白智能相机、线扫描智能相机、彩色智能相机、CMOS 智能相机、CAMERA-LINK 相机、面阵相机等。这些不同类型的摄像头各有其特点和优势，适用于不同的机器视觉应用场景。例如，黑白相机对光线变化不敏感，适用于光照条件不稳定的环境；彩色相机则可以提供更为丰富的颜色信息，有助于识别目标的颜色和纹理特征。摄像头的性能参数包括分辨率、帧率、镜头焦距、光圈等。分辨率决定了摄像头捕捉图像的清晰度，通常以像素数表示；帧率则表示摄像头每秒能够捕捉的图像帧数，决定了机器视觉系统的实时性能。在选择摄像头时，需要根据实际应用场景对分辨率和帧率的要求进行合理配置。镜头的焦距和光圈也会影响摄像头的成像质量和视野范围，因此需要根据实际情况进行选择和调整。

传感器是机器视觉系统中的关键部件之一，用于获取和处理图像信息。在机器视觉系统中，常用的传感器包括视觉传感器、光电传感器、位移传感器等。视觉传感器是机器视觉系统的直接信息源，主要由一个或两个图形传感器组成，能够捕捉光线并生成图像信息。光电传感器则用于检测光线的变化，如光线强度、颜色等；位移传感器则用于测量物体的位置、距离等参数。传感器的主要功能是获取机器视觉系统需要处理的原始图像信息，并将其转换为计算机可以理解和处理的数据格式。视觉传感器通过捕捉光线并生成图像信息，为后续的图像处理和分析提供基础数据；光电传感器和位移传感器则分别用于检测光线变化和测量物体位置等参数，为机器视觉系统提供更为丰富的环境感知能力。在配置传感器时，需要考虑其类型、性能参数以及与其他硬件设备的兼容性等因素。不同类型的传感器适用于不同的应用场景和需求；性能参数则决定了传感器的精度、灵敏度和响应速度等性能指标；而兼容性则保证了传感器是否能够与其他硬件设备协同工作，以实现机器视觉系统的整体性能优化。

通过合理配置摄像头和传感器等硬件设备，可以实现对供应链中各种物品的精确识别和定位，提高供应链的自动化和智能化水平。

（二）光源与照明系统

机器视觉系统是一个集成了多个组件的复杂系统，其硬件配置对于系统整体性能至关重要。在机器视觉系统中，光源与照明系统扮演着至关重要的角色，它们直接影响图像的质量和后续图像处理的效果。光源与照明系统提供足够的亮度，确保相机能够捕捉到清晰的图像；消除或减小由于环境光变化导致的图像质量波动；突出图像中的关键特征，便于后续的图像处理和分析。类型有LED 光源，因其长寿命、低功耗和易于控制而广泛应用于机器视觉系统中。卤素灯，在某些特定应用（如需要高亮度照明的场景）中仍在使用。还有荧光灯，在一些需要均匀照明的场合中使用。根据应用的具体需求选择合适的光源类型和亮度。光源的位置和角度对于图像质量有着重要影响，因此需要精确调整。光源控制器用于调节光源的亮度和开关状态，确保系统在不同工作环境下都能获得高质量的图像。照明方式有前向照明，光源位于相机和物体之间，提供均匀照明；背向照明，光源位于物体背面，通过物体透射或反射的光线进行照明，适用于透明物体或需要突出轮廓的场景；结构光照明，使用特定图案的光源投射到物体表面，通过分析反射光线的变化来获取物体的三维信息。需要注意避免光源产生的热量对物体或系统其他部件造成影响、光源的寿命和稳定性需要定期检查和更换、照明系统的设计和配置需要根据具体的应用场景进行优化。

（三）计算机与图像处理单元

计算机配置包括

1. 处理器（CPU）

机器视觉系统通常需要高性能的处理器来处理大量的图像数据。例如，至少需要 Intel Core i5/i7 或 AMD Ryzen 5/7 等高性能的 CPU，以确保系统的实时性和高效性。图形处理器（GPU）：对于复杂的图像处理任务，如深度学习模型的训练和推理，GPU 是不可或缺的。NVIDIA GeForce GTX 1060 或 AMD Radeon RX 580 等高性能的显卡可以满足大多数机器视觉应用的需求。内存（RAM）：大容量的内存对于处理大量图像数据至关重要。至少 16GB 的内存是推荐配置，而对于更复杂的应用，建议使用 32GB 或以上的内存。存储（Storage）：机器视觉系统需要足够的存储空间来保存图像数据和处理结果。至少 256GB 的固态硬盘（SSD）是基本要求，而 512GB 或以上的 SSD 则能提供更好的性能。

2. 图像处理软件

这是图像处理单元的核心。这些软件通常具备图像预处理、特征提取、图像分割、目标识别等功能。这些软件可以运行在高性能的计算机上，也可以集成在专门的图像处理卡或模块中。图像处理卡：对于需要高速实时处理的应用，专门的图像处理卡可以提供更好的性能。这些卡通常具有高性能的处理器和大量的内存，可以并行处理多个图像任务。图像交互界面：用于显示处理结果和进行人机交互。这可以是一个简单的显示器，也可以是一个复杂的图形用户界面（GUI），允许用户实时查看图像数据和处理结果，并进行必要的操作和调整。

计算机与图像处理单元是机器视觉系统的核心组成部分，通过合理配置高性能的计算机和图像处理软件／硬件，机器视觉系统可以实现对大量图像数据的高效处理和分析，从而为供应链中的自动化和智能化提供有力支持。随着技术的不断进步和应用需求的不断变化，机器视觉系统的硬件配置也需要不断升级和优化。

四、机器视觉系统的软件架构

（一）视觉识别算法

视觉识别算法是机器视觉系统的核心部分，它负责处理和分析相机捕获的图像数据，以识别、分类或定位物体。这些算法通常基于图像处理、模式识别、机器学习等领域的技术。从图像中提取出有用的特征信息，如边缘、角点、颜色、纹理等。这些特征信息可以用于对后续的物体识别或分类。通过将输入的图像与预定义的模板进行比较来识别物体，这种方法适用于形状和大小相对固定的物体。利用大量的标注数据进行训练，学习如何从图像中提取特征并进行分类或识别，包括深度学习算法，如卷积神经网络（CNN）。对输入的图像进行必要的预处理，如去噪、增强、二值化等，以提高图像质量并减少计算量。根据选择的算法类型，从图像中提取出有用的特征信息。将提取的特征与已知的物体特征进行比较，从而识别出物体。视觉识别算法的性能通常通过准确率、召回率、F1 分数等指标进行评价。准确率是指正确识别的物体数量占总识别数量的比例；召回率是指正确识别的物体数量占实际存在物体数量的比例；F1 分数是准确率和召回率的调和平均数，用于综合评估算法的性能。视觉识别算法的性能可以通过多种方式进行优化和改进，如使用更复杂的特征提取方法、增加训练数据量、使用更先进的机器学习算法等。在实际应用中，还需要考虑算法的实时性和鲁棒性，以应对各种复杂和多变的环境条件。

（二）系统集成与接口

机器视觉系统的集成是将各个硬件和软件组件有效地组合在一起，形成一个高效、稳定、可靠的视觉处理系统。集成过程中需要考虑硬件的兼容性、软件的互操作性以及系统的整体性能。机器视觉系统通常使用 USB、GigE Vision、Camera Link 等接口与相机进行通信，以获取图像数据。用于与外部设备（如机器人、传感器、执行器等）进行通信，实现数据的输入和输出。常见的 I/O 接口包括 GPIO、串口、以太网等。根据具体需求，还可能涉及其他硬件接口，如 PCI-E、PCIe x16 等，用于连接高性能的图像处理卡或扩展卡。

机器视觉软件通常提供丰富，软件开发接口（API），允许用户根据自己的需求进行定制开发。这些 API 支持多种编程语言，如 C++、Python 等。为了实现与其他系统或设备的通信，机器视觉系统可能使用各种通信协议，如 TCP/IP、UDP、HTTP 等。为了方便用户操作和管理，机器视觉系统通常提供图形化的用户界面（GUI）。这些界面允许用户实时监控系统的运行状态、调整参数、查看结果等。通过硬件抽象层（HAL），可以将不同型号的相机、图像处理卡等硬件抽象为统一的接口，以方便上层软件的开发和集成。中间件技术可以帮助不同系统或软件组件之间进行通信和协作，实现数据的共享和交换。随着云计算和大数据技术的发展，机器视觉系统也开始向云端迁移，利用云计算和大数据技术来提高系统的处理能力和数据存储能力。不同硬件和软件之间的兼容性是系统集成中常见的挑战。解决方案包括选择兼容的硬件和软件、使用标准接口和协议等。为了提高系统的整体性能，需要进行性能优化和调试，包括优化算法、调整参数、改进硬件设计等。

　　系统集成过程中需要考虑系统的安全性和可靠性，以防止数据泄露和系统崩溃。解决方案包括使用安全协议、加密技术、备份和恢复机制等。通过以上分点表示和归纳，可以清晰地了解机器视觉系统中系统集成与接口的作用、类型、技术挑战以及解决方案。在供应链中，机器视觉系统的集成与接口对于实现系统的高效、稳定、可靠运行至关重要。

实时监控与质量控制应用

　　机器视觉系统，由视觉传感器、采集系统和处理系统组成，是现代供应链管理中不可或缺的一部分。该系统通过视觉传感器获取实际对象的初始图像，利用高速图像采集系统将视频信号转换为计算机可以处理的数字图像信号，并通过图像处理算法对图像进行分析和处理，如目标检测、目标跟踪、识别等。在实时监控方面，机器视觉系统可以实时获取供应链各个环节的图像或视频信息，并通过处理系统进行分析和判断，从而实现对供应链的实时监控。例如，通过机器视觉系统可以实时监测货物的运输状态、生产线的运行情况等，确保供应链的顺畅运行。传统的质量控制通常需要大量的人工操作和人力维护，而引入机器视觉系统后，可以实现自动化的质量控制流程。机器视觉系统可以通过精确的检测和监控，提高产品质量的一致性和稳定性，降低次品率，提升企业的竞争力。基于机器视觉的智能供应链管理系统还可以实现货物追踪与管理、应急预警与处理、出入库管理、库存管理等功能，进一步提高供应链的效率和准确性。

一、实时监控系统的构建

　　实时监控系统是指通过实时采集和传输数据，对特定区域或对象进行即时的监察和控制。它允许操作者实时获取监控数据，并根据这些数据做出相应的决策和反应。实时监控具有及时性、准确性和高效性的特点，可以帮助用户实现对目标的及时掌控和干预。在供应链管理中，实时监控系统通过结合机器视觉技术，能够实时捕捉供应链中各个环节的影像信息，对物流、生产、销售等过程进行即时监控，从而确保供应链的顺畅运行，提高管理效率，降低风险。

（一）监控系统的硬件与软件

在机器视觉系统中，硬件是实现实时监控的基础。主要硬件构成包括光源（用于为视觉系统提供足够多的亮度，确保图像采集的清晰度和准确性）、镜头（用于将被测物成像到相机的靶面上，并将其转换成电信号）、工业相机（相对于传统的民用相机，工业相机具有较强的图像稳定性、传输能力和抗干扰能力。常见的工业相机包括 CCD 相机和 CMOS 相机）、图像采集卡（将相机产生的电信号转换成数字图像信息，以供计算机进行后续处理）、计算机（用于实现图像的存储、处理，并给出测量结果和控制信号）。根据具体的应用场景，可能还需要其他硬件设备，如传感器、驱动器、电机等，这些设备共同构成了一个完整的机器视觉硬件系统。

在软件方面，机器视觉系统需要强大的图像处理和分析能力。在工业环境中，软件平台需要具有高可靠性和稳定性，以保证机器人和整个系统的正常运行。软件平台需要支持多种编程语言，以方便开发人员开发应用软件。随着业务的发展，软件平台需要具有良好的可扩展性，以满足不断增加的需求。软件平台还需要具有良好的可维护性，以方便维护人员对其进行维护和升级。软件的功能通常包括图像处理、模式识别、坐标计算、灰度分布图等多种功能，这些功能可以帮助系统实现对目标物体的识别、定位、测量等任务，从而实现实时监控和质量控制。以上描述是基于一般的机器视觉系统而言的，具体的硬件和软件配置可能会根据实际应用场景和需求有所不同。

（二）网络连接与数据传输

在供应链中，机器视觉系统要实现实时监控和质量控制，就需要稳定、高效的网络连接。网络连接是数据流通的"血管"，它确保了各个设备、传感器、控制系统之间能够实时、准确地交换信息。网络连接的选择应根据实际应用场景、数据量、传输距离、安全性要求等因素进行综合考虑。例如，在仓库、生产线等环境中，可能需要使用有线网络以确保稳定性和带宽；而在移动设备或临时搭建的系统中，无线网络则可能更为便捷和灵活。

数据传输通常包括实时视频流、图像数据、检测结果、位置信息等多种类型的数据。这些数据通过网络连接进行传输，确保了在供应链各个环节中的实时性和准确性。数据传输的方式可以根据实际需求进行选择，例如采用TCP/IP协议进行稳定的数据传输，或者使用UDP协议进行实时的视频流传输。为了确保数据的安全性和完整性，可能还需要对数据进行加密和校验。在供应链中，机器视觉系统需要实时监控和质量控制，因此数据传输的效率和稳定性至关重要。如果数据传输出现延迟或中断，可能会导致监控失效、一些质量问题无法及时发现等严重后果。为了提高数据传输的效率和稳定性，可以采用高性能的网络设备、优化网络拓扑结构、使用数据压缩和编码技术等。还需要对网络进行定期维护和检查，确保网络的正常运行。在供应链中，机器视觉系统可能涉及大量的敏感信息和商业机密。在网络连接和数据传输过程中，需要采取严格的安全措施来保护数据的安全性和隐私性。常见的安全措施包括数据加密、访问控制、防火墙、入侵检测等，还需要建立完善的安全管理制度和应急预案，以应对可能出现的安全风险和事件。

（三）监控范围与布局

在构建实时监控系统时，需要明确监控的目标，包括确定哪些环节、哪些区域或哪些产品需要被监控，以及需要监控的具体内容，如产品的尺寸、外观、质量等。应根据监控目标，评估所需的监控范围和布局，包括确定需要部署多少台机器视觉设备、设备的型号和规格、设备的安装位置和角度等。根据评估结果，合理设计监控方案，包括确定监控系统的整体架构、数据传输方式、数据存储和处理方式等。还需要考虑系统的可扩展性和可维护性，以便在后续的运行过程中进行升级和维护。在设计监控方案时，需要优化监控布局，包括合理安排设备的分布位置，确保监控范围能够覆盖到所有需要监控的区域；还需要考虑设备的视角和光线等因素，确保能够获取到清晰、准确的图像数据。为了确保监控系统的稳定性和可靠性，需要考虑系统冗余和备份，包括部署备用设备、备用电源、备用网络等，以便在主设备或主网络出现故障时能够迅速切换到备用设备或网络，确保监控系统的正常运行。监控范围需要与供应链流程相匹配。例如，在原材料入库、产品加工、成品检验等关键环节中，需要设置相应的监控点，确保这些环节能够得到有效的监控和控制。机器视觉系统通常需要与其他系统（如 ERP、WMS 等）进行集成，以实现数据的共享和协同工作。

二、机器视觉在实时监控中的应用

（一）实时图像处理与分析

实时图像处理与分析是指利用计算机视觉和图像处理技术，对通过摄像头或其他图像采集设备获取的实时图像进行快速、准确的处理和分析，从中提取有用的信息并作出相应的决策或操作。通过摄像头、传感器等图像采集设备，实时捕获供应链环节中的图像或视频数据。这些数据可能包括货物的位置、数量、状态等信息。对采集到的图像进行预处理，包括去噪、增强、滤波等操作，以提高图像的质量和清晰度，为后续的图像处理和分析提供基础。从预处理后的图像中提取有用的特征信息，如边缘、角点、纹理等。这些特征信息将用于后续的识别、分类、定位等操作。利用机器学习、深度学习等算法，对图像中的目标进行检测和识别，包括检测货物的位置、数量、状态等，以及识别人员的身份、行为等。

基于提取的特征信息和目标检测与识别的结果，进行实时分析，包括分析货物的流转情况、预测未来的需求趋势、检测潜在的安全隐患等。根据实时分析的结果，系统可以自动做出决策并执行相应的操作。例如，当检测到货物堆积过多时，系统可以自动调整搬运机器人的工作节奏；当检测到人员操作不当时，系统可以发出警告或通知相关人员及时进行处理。利用摄像头等图像采集设备获取图像，并通过图像处理算法对图像进行分析和识别。通过训练模型，使机器能够自动从图像中提取特征并进行分类、识别等操作。利用神经网络等深度学习模型，对图像进行更高级别的特征提取和分析，以提高识别的准确性和效率。通过对供应链的各个环节进行实时监控，能够确保货物的流转顺畅、人员操作规范等。利用图像处理和分析技术，对产品的质量进行检测和控制，能够确保产品符合质量标准。通过分析历史数据和实时数据，预测未来的市场需求和供应情况，优化生产计划和库存管理等。机器视觉通过实时、准确地处理和分析图像数据，可以实现对供应链的实时监控和质量控制，提高供应链的效率和可靠性。

（二）异常监测与报警

机器视觉系统通过实时图像处理与分析，能够自动识别出供应链中的异常情况，并立即触发报警机制，以确保供应链的顺畅运行和货物的安全。机器视觉系统利用摄像头、传感器等图像采集设备，实时捕获供应链中的图像或视频数据。通过先进的图像处理算法和机器学习技术，系统能够自动分析图像数据，监测出货物的位置、数量、状态等关键信息，并识别出与正常状态不符的异常情况。这些异常情况可能包括货物的损坏、缺失、错放、人员操作不规范等。一旦机器视觉系统监测到异常情况，它会立即触发报警机制。报警方式可以是声音、灯光、短信、邮件等多种形式，以便及时通知相关人员进行处理。报警信息通常包括异常的类型、位置、时间等详细信息，以便相关人员能够迅速定位问题并采取相应的措施。机器视觉系统的异常监测与报警功能具有高度的自动化和智能化水平，能够大大减轻人工监控的负担，提高监控的效率和准确性。通过及时发现和处理异常情况，可以避免供应链中的潜在风险和问题，确保货物的安全和供应链的顺畅运行。机器视觉系统的异常检测与报警功能还可以为供应链管理提供数据支持，帮助企业更好地了解供应链的运营状况，从而优化供应链管理策略。

（三）数据记录与回溯

在供应链的实时监控中，机器视觉系统不仅具备实时处理和分析图像数据的能力，还承担着数据记录与回溯的重要职责。这一功能确保了供应链活动的可追溯性和可审计性，对于提高供应链的透明度和优化管理具有重要意义。机器视觉系统通过摄像头等图像采集设备，实时捕获供应链中的图像或视频数据。这些数据不仅用于实时处理和分析，还会被系统自动记录并存储起来。记录的数据应该包括货物的位置、数量、状态、运输过程、人员操作等多个方面，并形成完整的供应链活动记录。这些数据通常以数字化形式存储，便于后续的查询、分析和处理。当需要了解供应链中某个环节或某个时间点的具体情况时，可以通过机器视觉系统的数据回溯功能来查询和调取相关的图像或视频数据。数据回溯可以帮助企业快速定位问题、分析原因，并采取相应的措施进行改进和优化。通过对比不同时间点的数据，还可以分析供应链活动的变化趋势和规律，为企业的决策提供有力支持。

数据记录与回溯功能提高了供应链的透明度和可追溯性，使得企业能够全面了解供应链的运行情况，及时发现和解决问题。在质量控制方面，数据记录与回溯功能有助于企业追溯产品发生质量问题的源头，分析原因并采取针对性的改进措施。在风险管理方面，数据记录与回溯功能可以帮助企业预测和评估潜在风险，并制定有效的风险应对策略。机器视觉在实时监控中的数据记录与回溯功能为供应链管理提供了重要的数据支持，有助于企业提高供应链的透明度、可追溯性和优化管理水平。

三、质量控制中的机器视觉

由于科学技术的更新迭代，人工智能技术的迅猛发展，机器视觉技术在质量控制领域的应用已经成为国际竞争和合作的重要方向，受到汽车、航空、食品、电子、纺织等行业的高度重视，这些行业都将机器视觉应用在质量管理中，检测生产制造过程中存在的缺陷，自动执行质量控制，如汽车工业中的缺陷检测、食品工业中的质量检测、纺织工业中的纱线检测等，用于减少不良品，消除浪费，提升产品质量和降低质量成本。机器视觉应用在检测表面缺陷、检测尺寸和形状、缺陷分类等各个方面，已成为数字化、信息化时代下质量控制领域的重要检测技术之一。机器视觉能够替代人类视觉进行图像处理和分析，充分发挥机器视觉高速度、高精度、高一致性、自动化、多任务等优点，进而减少人为误差和人工干预成本，提高质量控制的深度、广度和精度，降低质量控制成本。

（一）机器视觉进行质量控制的原理

机器视觉技术能够以统一的标准要求为基准，运用高精度的算法对产品进行识别和分析，再通过设定具体的缺陷模式，运用机器视觉技术识别缺陷的发生和标准对比的质量偏差程度，进而识别产品的缺陷，减少人为因素影响，能更好地提高产品质量、生产效率和降低成本，实现企业效益最大化。机器视觉主要运用图像处理技术、特征提取和描述、机器学习、深度学习等技术来实现质量控制。机器视觉技术进行质量控制分为五个流程：捕捉图像、前期处理图像、提取特征、分类识别、控制输出。运用摄像机等光学设备捕捉图像并经一系列操作后将其转化为数字信号；运用图像处理技术对捕捉到的图像进行去噪、锐化、复原等前期处理，以去除噪声，提高图像的清晰度；计算机会对捕捉到的图像自动识别、提取关键的特征信息；对获取的特征信息分门别类地进行识别、判断；根据高精度的算法运算对比的结果输出相应的机器操作。机器视觉在进行质量控制的过程中，由于采集存储了大量的数据和缺陷信息，建立了缺陷信息数据库，使机器通过不断地学习，在检测到缺陷时能够更加快速地将缺陷进行分类，并根据缺陷对位置进行物理标记和等级划分。最终能够及时发现和纠正问题，实现不制造不良品、不传送不良品、不接收不良品的目标，进而对质量进行控制。

（二）机器视觉在质量控制的应用

机器视觉可以根据图像的信息来判断物体的性质和形状，从而实现自动测量和检测。机器视觉系统可以采集物体的图像信息，然后通过计算机进行分析，并根据图像中物体的尺寸、形状、颜色、位置和运动速度等特征对物体进行识别检测，其在质量控制中的应用主要有以下几个方面。

1. 缺陷检测

在工业生产中，由于种种原因会出现各种各样的缺陷。例如，在包装过程中，由于运输过程中的碰撞会造成包装件表面产生划痕甚至破损现象，进而影响产品的外观；在电子行业中，由于焊接工艺不到位或焊接操作失误会导致电路板出现损坏。如果采用传统的人工方式去检测，则需要耗费大量的人力成本和时间成本。因此，为了提高生产效率和产品质量，越来越多的企业采用机器视觉来替代人工检测。

2. 检测零件表面

在大多数生产的过程中，检测零件表面是否有划伤是一项非常重要的工作。划伤指的是在加工过程中，由于外界环境以及设备原因导致零件表面出现划痕、磨损等现象。常见的划伤分为两种：一种是人为因素产生的划痕，另一种是机器自身产生的划痕。当零件表面出现划痕时，如果是人为因素引起的话，在利用传统方式对其进行检测时会出现漏检、误判等现象。利用机器视觉检测零件表面是否有划伤可以分为两类：一类是对已检测过的零件进行二次检测，通过比较未检测出的划痕与二次检测出的划痕长度来判断零件表面是否存在划伤；另一类是通过对新零件进行再次检测来判断零件表面是否存在划伤。裂纹是产品常见的一种缺陷，主要由材料本身的质量问题或在加工过程中受到外力作用造成，如玻璃制品在切割或打磨的过程中，由于温度过高造成其表面出现裂纹。如果产品表面出现裂纹，会导致玻璃制品的质量下降，甚至出现玻璃制品在运输和储存过程中碎裂、崩裂等现象，这会严重影响产品的使用寿命和外观。因此，在实际生产过程中，需要对产品进行全面检查，及时发现可能存在的裂纹现象。运用光学显微镜或高分辨率相机进行检测时，会因为玻璃制品表面被划痕等物质覆盖而影响其成像效果。运用机器视觉技术则可以根据提取的特征对裂纹进行精准定位、识别与分类，极大地提高产品的检测效率与准确性。

在生产过程中，由于各种原因可能会导致产品表面产生划痕、破损等质量问题。传统的检测方式是将产品放在显微镜下观察，这种检测方式的成本非常高，而且耗时较长，无法满足工业生产的要求。而利用机器视觉来进行产品质量检测可以有效解决这些问题，首先利用工业相机采集产品图像，然后对图像进行处理、分析和判断，从而检测出产品表面是否存在划痕或者破损。

3. 尺寸测量

尺寸测量是机器视觉的最基本应用，尺寸测量可以分为两类，即长度和直径测量。长度测量主要是通过对产品表面上的标记进行检测，从而得到产品的长度，应用领域包括电子行业、航空航天等。直径测量主要是通过对产品的直径进行检测，从而得到产品的尺寸信息。常用的尺寸测量方法有接触式测量、非接触式测量以及激光测距等。激光测距基于激光束扫描到目标表面后反射回来的光脉冲信号计算出距离信息，简单快捷且精度高，在工业中应用广泛。但这种方法对于测量微小目标时需要将 CCD 相机放置在目标距离很近的位置，操作比较复杂。接触式测量是通过 CCD 相机与目标之间产生碰撞来获取信息，具有结构简单、操作方便等优点，但缺点是精度不高、抗干扰能力差，在工业中应用不多。而非接触式测量则是通过将 CCD 相机直接放置在目标表面上获取信息，通过对比目标和相机之间的位置关系来计算距离信息，其优点是精度高、抗干扰能力强、稳定性。

4. 形状识别

形状识别是机器视觉中的重要组成部分，通过机器视觉系统对目标物体的外形特征进行提取，然后对提取的特征进行识别。产品尺寸是质量检测的重要指标，测量要求非常高，采用机器视觉技术可以快速、准确地对目标物体进行三维测量，大大降低了检测成本和提高了测量精度，具有广泛的应用前景。形状识别一般分为几何特征识别和纹理特征识别两大类。几何特征识别的方法通常有模板匹配法、基于模板匹配、基于形状描述符、基于边缘提取等；模板匹配法是将待测物体与参考模板进行比较，如果两者之间存在差异就认为两者不相同。当两个模板中的某一个与标准模板相差超过规定的误差标准即认为存在质量问题，通常用于检测有细微差异的零件或物体。对于有微小差异的零件，这种方法准确率比较高。然而，由于几何特征识别算法对输入图像的质量要求比较高，而且需要大量数据的支持，因此很难将其应用到实际生产中去。纹理特征识别一般指利用图像处理技术提取图像中纹理特征信息来进行自动测量的方法。纹理分析法是一种基于统计和分析数据来对图像中的物体进行分类和描述的方法。在纹理分析法中，图像处理技术被分为三种：灰度变换法、边缘检测法、统计模式识别法。其中，边缘检测法是目前应用最广泛的方法。

5. 颜色识别

颜色是视觉识别中一个非常重要的概念，可以用来描述物体的颜色和亮度，以及物体表面的纹理特征，如对物体表面的颜色进行判断时，可以从物体的反射光强度以及物体表面纹理等因素出发。对于黑色物体来说，通过反射光强度和光线方向两个因素来判断它是黑色还是白色。这样就可以根据物体本身的颜色来判断该物体的颜色，并以此来确定产品颜色是否符合相关质量要求。

6. 缺陷分类

表面缺陷是指产品表面不平整，如划痕、磨损、表面缺陷、麻点、划伤等。在生产过程中经常会出现一些细小缺陷，这些缺陷的存在不仅会影响产品的外观，还会影响其使用性能。通过机器视觉系统进行表面检测，可以使检测人员从繁杂的操作中解脱出来，从而更好地开展其他工作。目前，使用机器视觉系统进行表面缺陷检测时，主要采用两种方法：一是针对细小缺陷，直接采用比较先进的图像处理算法对其进行提取并分析；二是针对大面积缺陷，采用计算机视觉的方法对其进行分割与识别。利用机器视觉技术进行表面缺陷检测时，由于使用了机器视觉系统和高速运动相机对产品进行实时拍摄，可以快速、准确地获得缺陷信息并进行处理，从而大大提高了产品检测效率和准确性。

数据驱动的供应链优化

随着数据科学和人工智能技术的快速发展，数据驱动已经成为企业决策的重要依据。在供应链管理中，数据驱动的决策方法正在逐步取代传统的以经验驱动和直觉驱动的决策方式，以实现更高效、更精确的供应链优化。通过收集、分析和利用供应链各环节的数据，企业可以深入了解供应链的运作情况，发现潜在的问题和机会，从而制定更有效的策略来优化供应链的绩效。在数据驱动的供应链优化中，智能决策和机器人协作是两个重要的方面。智能决策系统可以利用数据分析结果，为企业的供应链决策提供科学依据；而机器人则可以在供应链中承担各种任务，如物料搬运、订单拣选、质量检测等，从而提高供应链的自动化水平和效率。

一、供应链数据的收集与整合

（一）数据源与采集技术

数据源主要来自供应链管理的各个环节，包括但不限于供应商、制造商、分销商、零售商和最终消费者等。传感器技术，通过在供应链中的关键节点（如仓库、运输车辆等）部署传感器，可以实时收集关于温度、湿度、位置等关键数据。RFID（无线射频识别）技术，RFID技术允许通过无线方式读取和写入标签信息，从而实现对产品在整个供应链中的追踪和监控。API（应用程序编程接口）集成，通过与供应链中各个系统的API进行集成，可以自动收集和处理数据，减少手动输入和错误的可能性。网络爬虫，对于公共数据源（如社交媒体、论坛等），可以使用网络爬虫技术来自动抓取和分析相关信息，以获取市场趋势和消费者反馈等有价值的数据。在采集数据时，还需要注意数据的质量和安全性。应确保采集的数据符合标准格式，易于处理和分析。应采取适当的安全措施来保护数据不被未经授权的访问或泄露。数据源与采集技术是供应链数据收集与整合的基础。通过合理选择数据源和运用先进的采集技术，可以确保供应链数据的准确性和完整性，从而为后续的数据分析和智能决策提供支持。

（二）数据清洗与预处理

在供应链管理中，收集到的原始数据包含噪声、错误、冗余和不一致的信息，这些数据如果直接用于决策分析，可能会导致错误的结论和决策。数据清洗的目的是消除数据中的噪声、错误和冗余信息，以确保数据的准确性和一致性。这个过程应包括检查数据的完整性、准确性、一致性和唯一性，并修复或删除问题数据。对于缺失的数据，可能需要通过插值、预测或删除等方法进行处理；对于错误的数据，可能需要进行修正或标记为异常值；对于冗余的数据，可能需要进行合并或删除。数据预处理则是在数据清洗的基础上，对数据进行进一步的加工和转换，以便更好地适应后续的数据分析和智能决策。这个过程可能包括数据格式转换、数据标准化、数据编码、数据压缩等。将日期格式统一为特定的格式，将文本数据转换为数值型数据以便进行数学运算，或者对数据进行归一化处理以消除量纲的影响等。在清洗和预处理过程中，要确保数据的完整性不被破坏，应避免重要信息的丢失。不同的数据类型和问题可能需要采用不同的清洗和预处理方法，这需要根据实际情况进行选择。在处理过程中，要确保数据的安全性，避免数据泄露或被非法访问。数据清洗与预处理是供应链数据收集与整合的重要步骤，通过这个过程可以确保数据的准确性和一致性，为后续的数据分析和智能决策提供可靠的数据支持

（三）数据仓库与数据湖

在供应链数据的收集与整合过程中，数据仓库与数据湖是两个重要的数据存储和管理工具，它们各自具有不同的特点和适用场景。数据仓库是一个大型、

集中式的存储系统，用于存储和管理结构化的数据。在供应链管理中，数据仓库可以整合来自不同数据源的信息，如供应商数据、库存数据、销售数据等，并提供一个统一的、易于访问的数据平台。数据仓库中的数据通常经过清洗、转换和加载（ETL）过程，以确保数据的质量和一致性。数据仓库的主要优势在于其能够提供高效的数据查询和分析能力，支持复杂的报表生成和数据分析需求。通过数据仓库，企业可以深入了解供应链的运作情况，发现潜在的问题和机会，并据此制定有效的决策策略。

与数据仓库不同，数据湖是一个更为灵活和开放的数据存储平台，可以容纳各种类型的数据，包括结构化、半结构化和非结构化数据。在供应链管理中，数据湖可以收集来自各种来源的数据，如社交媒体数据、物流跟踪数据、客户反馈等，以提供更为全面和丰富的信息支持。数据湖的主要优势在于其能够支持各种类型的数据分析和挖掘技术，如机器学习、数据挖掘和可视化等。通过数据湖，企业可以对供应链数据进行更深入的分析和挖掘，发现隐藏的模式和趋势，并据此制定更为精准和有效的决策策略。在实际应用中，企业可以根据自身的需求和资源情况选择使用数据仓库或数据湖，或者将两者结合起来使用。例如，可以使用数据仓库来存储和管理结构化的历史数据，也可以使用数据湖来存储和管理实时数据流和多样化的非结构化数据。通过合理的架构设计和数据治理策略，可以确保数据的有效利用和管理的可持续性。

二、数据分析与挖掘技术

描述性数据分析是最基础的数据分析类型，它通过计算数据的均值、标准差、中位数等统计量，描述数据的整体特征和分布情况。在供应链管理中，描述性数据分析可以帮助企业了解库存水平、销售趋势、运输效率等基本情况，并为后续的深入分析打下基础。预测性数据分析通过建立数学模型，利用历史数据预测未来的趋势和结果。在供应链管理中，预测性数据分析可以帮助企业预测市场需求、库存需求、运输时间等关键指标，从而提前制订生产和配送计划，降低库存成本和运输成本。规范性数据分析旨在通过优化算法和模型，找到最佳决策方案。在供应链管理中，规范性数据分析可以帮助企业确定最优的库存水平、运输路径、订单分配等，以提高供应链的效率和响应速度。数据挖掘技术是一种从大量数据中自动发现模式、关联、异常和趋势的先进技术。在供应链管理中，数据挖掘技术可以帮助企业发现隐藏的供应链问题，如库存积压、运输延误等，并揭示潜在的优化机会。

常用数据分析工具，虽然 Excel 是一个基础的电子表格软件，但其强大的数据处理和可视化功能使其成为许多企业数据分析的起点。R 和 Python：这两种编程语言在数据分析和数据挖掘领域非常流行，拥有大量的库和工具包，可以满足复杂的数据分析需求。Tableau 和 Power BI：这些商业智能工具提供了更为直观的数据可视化和探索性数据分析功能，使得非专业的数据分析人员也能轻松地进行数据分析。SPSS 和 SAS：这些专业的统计分析软件提供了丰富的统计分析和数据挖掘功能，一般适用于大型企业和研究机构。

（一）预测分析与机器学习

在供应链管理的复杂环境中，预测分析与机器学习技术为数据驱动的决策提供了强大的支持。这两种技术不仅能够深入挖掘历史数据中的价值，还能够基于实时数据预测未来趋势，帮助供应链管理者制定更加精准和有效的策略。预测分析是供应链管理中不可或缺的一部分，它基于历史数据和其他相关信息，通过统计模型、计量经济学方法或其他数学技术，对未来事件或趋势进行预测。通过对历史销售数据的分析，结合市场趋势、消费者行为等因素，预测未来一段时间内的市场需求。这有助于企业合理制订生产计划，优化库存结构，降低库存成本。根据历史库存数据和销售预测，预测未来一段时间内的库存需求。这有助于企业制定更加合理的补货策略，避免库存积压或缺货现象的发生。基于历史运输数据和实时交通信息，预测货物的运输时间。这有助于企业合理制订物流计划，提高物流效率，降低运输成本。预测分析的方法多种多样，包括时间序列分析、回归分析、决策树、神经网络等。选择合适的预测方法需要充分考虑数据的特性、预测的准确性要求以及企业的实际情况。

机器学习是人工智能领域的一个重要分支，它通过让计算机系统从数据中学习并改进其性能，来执行特定的任务。在供应链管理中，机器学习技术可以应用于多个方面，以提高供应链的智能化水平。利用机器学习算法，如支持向量机、随机森林、深度学习等，构建需求预测模型。这些模型可以自动提取数据中的特征，学习预测规律，并随着数据的更新而不断优化。与传统的预测方法相比，机器学习模型通常具有更高的预测精度和更强的泛化能力。机器学习技术可被应用于库存优化中，帮助企业实现库存成本的最小化和客户服务水平的最大化。例如，基于强化学习的库存管理系统可以根据实时库存数据和市场需求预测，自动调整库存水平和补货策略。在供应链管理中，异常事件如设备故障、运输延误等可能会对供应链的正常运行造成严重影响。利用机器学习技术，则可以构建异常检测模型，自动识别和预警潜在的异常事件。这有助于企业及时发现并解决问题，降低损失。机器学习技术的应用需要大量的数据和计算资源支持。随着云计算和大数据技术的发展，企业可以更加便捷地获取和使用这些资源，进一步推动供应链管理的智能化水平不断提高。预测分析与机器学习技术为数据驱动的供应链优化提供了强大的支持。通过深入挖掘历史数据中的价值，预测未来趋势，并基于实时数据调整策略，企业可以更加精准地掌握供应链的动态变化，提高供应链的效率和响应速度。

（二）数据可视化与报告

数据可视化是一种通过图形、图表和动画等视觉元素展示数据的技术。在供应链管理中，数据可视化可以帮助管理者直观地了解供应链的各个环节，如供应商、生产商、仓库、分销商等，以及它们之间的物流、信息流和资金流。数据可视化的形式多种多样，包括柱状图、折线图、饼图、散点图、热力图等。这些图形可以展示不同维度的数据，如时间、数量、成本、质量等，帮助管理者全面了解供应链的运营状况。通过数据可视化，管理者可以迅速发现供应链中的"瓶颈"、异常和潜在风险，并制定相应的改进措施。

报告生成是将数据分析结果以书面形式呈现的过程。在供应链管理中，报告通常包括供应链的绩效指标、关键业务数据、风险分析等内容。通过报告，管理者可以系统地了解供应链的运营情况，以及改进措施的实施效果。报告的生成需要考虑多个方面，包括报告的目的、受众、内容、格式等。对于不同的受众，如高层管理者、部门经理、一线员工等，报告的侧重点和呈现方式也应有所不同。例如，高层管理者可能更关注供应链的整体绩效和关键指标，而一线员工则更关注具体业务数据和操作细节。在生成报告时，还需要注意数据的准确性和可靠性。这要求数据分析师在进行数据分析时，要采用科学的方法和工具，以确保数据的真实性和可信度。在报告中也应注明数据来源和分析方法，以便读者对报告的内容进行验证和评估。

　　在实际应用中，数据可视化可以与报告结合使用，通过数据可视化，管理者可以直观地了解供应链的运营状况；而报告则提供了更系统、全面的信息，帮助管理者进行深入的分析和决策。随着技术的发展，越来越多的数据分析工具支持数据可视化和报告生成的集成。这些工具通常提供了丰富的图形模板和报告模板，使数据分析师可以更加便捷地生成高质量的数据可视化和报告。数据可视化与报告在供应链管理中均发挥着重要作用。它们通过将复杂的数据转化为直观、易于理解的图形和报告，帮助管理者更快速地识别关键信息，从而做出更有效的决策。随着技术的发展，数据可视化与报告的集成度越来越高，为供应链管理的智能化提供了有力支持。

三、数据驱动的供应链决策模型

（一）需求预测与优化

　　在供应链管理中，需求预测是制定决策的核心，它不仅关系企业的库存策略、生产计划，还影响运输和分销网络的配置。数据驱动的需求预测与优化，通过集成先进的预测模型和分析技术，为企业提供了更加精准和高效的决策支持。需求预测是供应链管理的基石。一个准确的需求预测能够指导企业合理制订库存水平、优化生产计划，确保产品在需要时能够迅速、准确地到达客户手中。需求预测还有助于企业降低库存成本、减少缺货风险，提高客户满意度。数据驱动的预测模型依赖于大量的历史数据和其他相关信息，这些数据可以来自销售记录、市场研究、客户反馈等多个渠道。通过对这些数据进行深度挖掘和分析，企业可以建立准确的预测模型，预测未来一段时间内的市场需求。常用的预测模型包括时间序列分析、回归分析、机器学习模型等。其中，机器学习模型因其强大的学习能力和适应能力而受到广泛关注。例如，神经网络、支持向量机、随机森林等算法都可以用于需求预测。这些模型能够自动提取数据中的特征，学习预测规律，并随着数据的更新而不断优化。需求预测的优化不仅在于提高预测精度，还在于将预测结果有效地应用于供应链决策中。企业需要根据预测结果制订相应的库存策略、生产计划和分销网络配置。企业还需要建立反馈机制，对预测结果进行实时监控和调整，从而确保预测模型始终保持最佳状态。

建立与供应链其他环节的协同机制，确保预测结果能够得到有效应用。许多企业已经成功地将数据驱动的预测模型应用于供应链管理中。某电商平台通过集成大数据和机器学习技术，建立了精准的需求预测模型。该模型能够实时预测各种商品的销售趋势，帮助企业合理安排库存、优化物流配送。这不仅提高了客户满意度，还降低了企业库存成本和运输成本。数据驱动的需求预测与优化是供应链管理的关键环节。通过集成先进的预测模型和分析技术，企业可以更加精准地预测市场需求，优化供应链决策，提高供应链的效率和响应速度。

（二）库存管理决策

数据驱动的库存管理决策，是通过运用大数据分析和智能算法，为企业提供更加科学、精准的库存控制策略，以优化库存结构，降低库存成本，提高运营效率。传统的库存管理通常依赖于经验和直觉，缺乏科学的数据支持。这可能导致库存积压、缺货风险以及资金占用过多等问题。随着市场竞争的加剧和客户需求的多样化，传统的库存管理方法已经难以适应现代供应链管理的需求。数据驱动的库存管理则通过收集和分析大量的销售数据、库存数据以及市场数据，为企业提供精准的库存需求预测。这种预测能力使企业能够提前制订库存计划，避免库存积压或缺货现象的发生。数据驱动的库存管理还可以帮助企业实时监控库存状态，及时调整库存策略，以应对市场的快速变化。在数据驱动的库存管理决策中，企业可以建立库存管理决策模型，以辅助决策者做出更科学的决策。这些模型通常基于历史销售数据、市场需求预测以及库存成本等因素，通过算法计算出最优的库存水平、补货策略以及库存周转周期等。常用的库存管理决策模型包括经济订货量模型（EOQ）、安全库存模型等。

当市场需求发生变化时，系统也可以及时调整库存策略，以满足客户需求。

数据驱动的库存管理还需要与供应链的其他环节进行协同。通过与采购、生产、销售等部门的紧密合作，确保库存信息的准确性和实时性。通过共享库存信息，可以减少信息孤岛现象，提高供应链的透明度和协同效率。许多企业已经开始尝试数据驱动的库存管理决策方法。通过引入先进的数据分析技术和智能算法，这些企业成功地降低了库存成本、提高了运营效率，并提升了客户满意度。随着技术的不断进步和数据的日益丰富，相信数据驱动的库存管理将在未来发挥更大的作用，为企业创造更多的价值。数据驱动的库存管理决策通过运用大数据分析和智能算法，为企业制定更加科学、精准的库存控制策略，以适应市场的快速变化并满足客户的需求。

（三）运输与物流优化

数据驱动的供应链决策模型在运输与物流优化中发挥着核心作用，通过收集、分析和利用实时数据，为决策者提供准确的决策支持。要实现运输与物流的优化，就需要收集各种相关数据，包括但不限于运输时间、运输成本、货物量、车辆状态、路况信息、天气状况等。通过物联网（IoT）技术，可以实时获取这些信息，并将其整合到供应链决策模型中。在数据收集的基础上，利用预测分析技术可以对未来的运输需求、路况变化、天气影响等进行预测。通过模拟不同的运输方案，还可以评估各种方案对供应链效率的影响，为决策者提供多种选择。数据驱动的供应链决策模型能够提供实时的决策支持。例如，当某个路段的交通状况突然恶化时，模型可以立即分析并推荐最佳的绕行路线；当某个运输节点的货物积压时，模型可以预测积压将持续的时间，并建议调整运输计划以避免延误。通过集成先进的算法和人工智能技术，数据驱动的供应链决策模型可以实现运输车辆的自动化调度与优化，包括根据实时数据和预测结果自动分配运输任务、优化运输路径、调整运输速度等。这种自动化调度与优化可以显著提高运输效率，降低运输成本。数据驱动的供应链决策模型还能帮助识别和管理运输与物流环节中的潜在风险。例如，通过分析历史数据和实时数据，模型可以预测某个运输节点可能发生的故障或延误，并提前发出预警。这有助于决策者及时采取措施，避免或减少风险对供应链的影响。数据驱动的供应链决策模型是一个持续改进和优化的过程。通过不断收集和分析新的数据，模型可以不断优化其预测和决策能力，以适应供应链中不断变化的环境和需求。这种持续改进和优化的能力使得数据驱动的供应链决策模型在运输与物流优化中具有很高的灵活性和适应性。通过收集、分析和利用实时数据，模型可以为决策者提供准确的决策支持，实现运输车辆的自动化调度与优化，提高供应链的效率和响应速度，模型还能帮助识别和管理潜在风险，实现持续改进和优化。

四、实时数据分析与决策支持

（一）实时数据流处理

实时数据流处理是一种对源源不断产生的数据流进行即时处理和分析的技术，它能够确保企业在供应链运作过程中随时掌握最新的数据动态，为决策提供有力的支持。在供应链中，各个环节产生的数据都是实时变化的，如订单状态、库存水平、运输位置等。这些数据的变化不仅反映了供应链的实时状态，也隐藏着潜在的商机和风险。通过实时数据流处理，企业可以及时发现并响应这些变化，优化供应链运作，从而提高响应速度和决策准确性。

数据收集，通过各种传感器、RFID 设备、条码扫描器等工具，实时收集供应链中各个环节产生的数据。数据预处理，对收集到的原始数据进行清洗、整合、转换等处理，以消除噪声、错误和冗余信息，提高数据质量。实时分析，利用大数据处理框架（如 Apache Kafka、Storm、Flink 等）对预处理后的数据进行实时分析，提取有价值的信息和模式。将分析结果以可视化、报告或以API 接口的形式呈现给决策者，为其提供实时的决策支持。

实时数据流处理依赖于一系列先进的技术和工具，包括：流处理框架，如Apache Kafka、Storm、Flink 等，用于构建实时数据流管道，实现数据的实时传输和处理。内存数据库，如 Redis、Memcached 等，用于存储和处理实时数据，提供低延迟的数据访问能力。复杂事件处理（CEP），能够识别数据流中的模式、关系和事件，并触发相应的响应或通知。机器学习算法，用于实时预测、分类和异常检测等任务，提高决策的智能化水平。

实时数据流处理在供应链中有着广泛的应用场景，包括：库存管理，通过实时分析库存数据，预测库存变化趋势，及时调整补货计划和库存策略，避免库存积压和缺货现象。运输优化，利用实时运输数据和路况信息，动态调整运输路径和配送计划，提高运输效率和降低成本。订单跟踪，实时更新订单状态，为客户提供准确的订单查询和追踪服务，提高客户满意度。异常检测，通过实时分析供应链中的数据流，及时发现潜在的问题或异常，如设备故障、运输延误等，并采取相应的措施及时进行解决。

尽管实时数据流处理为供应链管理带来了诸多好处，但在实际应用中还面临着一些挑战，如数据质量问题、处理延迟、系统稳定性等。为了克服这些挑战，企业需要采取以下措施：提高数据质量，通过严格的数据采集和预处理流程，确保数据的准确性和完整性。优化处理流程，采用高效的流处理框架和算法，尽量减少处理延迟，提高处理效率。增强系统稳定性，通过负载均衡、容错处理等技术手段，确保系统的稳定性和可靠性。实时数据流处理是供应链管理中不可或缺的一部分。通过实时分析供应链中的数据流，企业可以更加精确地掌握供应链的实时状态，实现快速响应和精确决策，从而提高供应链的效率和竞争力。

（二）决策支持系统

在供应链管理中，实时数据分析不仅为管理者提供了丰富的信息，还需要一个有效的决策支持系统（Decision Support System，DSS）来辅助决策者做出明智的决策。决策支持系统结合数据分析、模型构建、人机交互等多种技术，旨在为供应链中的复杂问题提供解决方案。决策支持系统是一个基于计算机的系统，它利用数据、模型、知识等信息资源，通过人机交互、问题识别与表述、模型管理、数据分析和结果输出等功能，支持半结构化和非结构化决策过程，帮助决策者提高决策的质量和效率。

决策支持系统通常具有以下几个核心功能：数据管理与分析，收集、整合、存储和管理供应链中的各类数据，提供数据查询、报表生成、数据挖掘等分析功能。模型构建与管理，支持构建各种供应链优化模型，如库存模型、运输模型、订单分配模型等，并对这些模型进行管理和维护。人机交互，提供友好的用户界面，使决策者能够方便地与系统交互，输入问题、查看结果、调整参数等。问题识别与表述，帮助决策者明确问题、定义目标、识别约束条件等，为决策过程提供清晰的指导。结果输出与解释，将分析结果以图表、报告等形式呈现给决策者，并提供结果的解释和说明，帮助决策者理解分析结果并做出决策。

在供应链管理中，决策支持系统有着广泛的应用场景，包括：库存管理，利用决策支持系统预测库存需求、优化库存水平、制订补货计划等，降低库存成本并提高库存周转率。运输优化，通过决策支持系统分析运输数据、选择最佳运输路径、优化配送计划等，提高运输效率和降低成本。订单管理，利用决策支持系统分析订单数据、预测订单趋势、优化订单分配等，提高订单处理效率和客户满意度。风险管理，通过决策支持系统识别供应链中的潜在风险、评估风险影响、制定风险应对措施等，降低供应链风险并提高供应链的韧性。

决策支持系统的技术实现通常包括以下几个方面：数据库技术，用于存储和管理供应链中的各类数据；数据挖掘与分析技术，如统计分析、机器学习、数据挖掘等，用于从数据中提取有价值的信息和模式；模型构建技术，如优化算法、仿真技术等，用于构建供应链优化模型；人机交互技术，如图形用户界面（GUI）、自然语言处理（NLP）等，用于实现人与系统之间的交互。

机器人与人工智能的集成

机器人与人工智能的集成已成为提高供应链管理效率和准确性的关键力量。通过数据共享与交互、智能决策与执行以及自我学习与优化，机器人与人工智能系统在供应链中实现了高效协同。这不仅大幅提高了供应链的运营效率，降低了成本，还增强了供应链的韧性和抗风险能力。展望未来，随着技术的进一步融合与创新，机器人与人工智能将在供应链中发挥更加核心的作用，实现更加智能化和自主化的管理，并最终实现人机协同共生的理想目标。

一、机器人与人工智能技术的融合

（一）机器人技术的最新进展

近年来，机器人技术取得了显著的进展，为供应链领域带来了革命性的变革。机器人现在能够利用先进的自主导航和定位技术，如 SLAM（同时定位与地图构建）技术，能实现高精度的定位和导航。这使得机器人能够在复杂的仓库环境中自主移动，准确找到目标位置，并执行相应的任务。随着传感器技术的不断发展，机器人现在可以配备更加多样化的传感器，如视觉传感器、触觉传感器、力觉传感器等。这些传感器使机器人能够更全面地感知周围环境，获取更多的信息，从而做出更准确的判断和决策。机器人学习技术，特别是深度学习和强化学习，使得机器人能够不断学习和优化自身的行为。通过不断尝试和修正，机器人能够逐渐掌握更加复杂的技能和策略，提高自身的执行效率和准确性。人机协同是机器人技术发展的一个重要方向。现在的机器人已经能够与人类进行更加紧密的合作，通过语音识别、自然语言处理等技术，理解人类的指令和需求，并作出相应的响应。这种协同工作不仅能够提高供应链的效率和准确性，还能够减轻人类员工的工作负担。在制造业中，柔性制造技术使得机器人能够适应不同种类和规格的产品生产。通过可重构、可编程的机器人系统，企业可以灵活调整生产线，快速响应市场需求的变化。

随着机器人技术的广泛应用，其安全性和可靠性问题也日益受到关注。现在的机器人技术更注重安全性和可靠性设计，通常采用先进的碰撞检测和避障技术，确保机器人在执行任务时的安全。此外，还采用了故障预测和维护技术，提高了机器人的可靠性和使用寿命。云计算和物联网技术的融合则为机器人提供了更强大的数据处理和通信能力。机器人可以通过物联网技术将实时数据上传到云端，利用云计算进行大数据分析和处理。这使得机器人能够更加准确地预测市场需求、优化库存管理等，为供应链提供更高效的支持。机器人技术的最新进展为供应链领域带来了诸多创新和变革。通过自主导航与定位技术、传感器技术的创新、机器人学习与自我优化、人机协同技术、柔性制造技术、安全性与可靠性以及云计算与物联网技术的融合等方面的进展，机器人已经成为供应链中不可或缺的一部分，为企业带来了更高的效率和准确性。

（二）人工智能在机器人中的应用

在机器人与人工智能技术的融合中，人工智能（AI）的应用为机器人赋予了更高级别的智能和自主性，使其在供应链管理中发挥更加核心的作用。人工智能通过图像识别、语音识别等技术，使机器人能够准确感知和识别周围环境中的物体、声音等信息。例如，在仓库中，机器人可以利用 AI 技术识别货物的标签、条形码等，从而准确地进行货物分类、拣选等操作。AI 的决策树、机器学习、深度学习等技术，使机器人能够基于大量数据进行分析和预测，从而做出智能规划和决策。在供应链中，机器人可以根据库存水平、订单需求等信息，自动规划最优的运输路径、库存分配等，提高供应链的效率和响应速度。利用 AI 技术，机器人可以实现自主导航和避障功能。通过实时分析环境信息，机器人可以自主规划移动路径，并避开障碍物，确保在复杂环境中的安全操作。机器人可以通过 AI 技术进行自我学习和优化。在执行任务的过程中，机器人会不断收集数据并进行分析，以改进自身的操作方式和性能。这种自适应学习和不断优化的能力使机器人能够持续提高自身的效率和准确性。利用 AI 技术进行预测性维护和故障预防，机器人可以实时监控自身的运行状态，并预测可能出现的故障。一旦检测到异常情况，机器人就会立即采取相应措施，如减速、停机等，以避免故障的发生，保证供应链的连续性和稳定性。AI 技术还改善了机器人与人类的交互方式。通过自然语言处理、语音识别等技术，机器人即可以理解人类的指令和需求，并作出相应的响应。这使得机器人能够与人类协同工作，共同完成复杂的供应链任务。机器人收集的供应链数据可以通过 AI 技术进行深度分析，以揭示供应链中的潜在问题和优化机会。例如，通过分析库存周转率、运输时间等数据，AI 可以帮助企业优化库存管理和运输策略，降低库存成本和运输成本。人工智能在机器人中的应用为机器人赋予了更高级别的智能和自主性，使其在供应链管理中发挥更加核心的作用。通过感知与识别、智能规划与决策、自主导航与避障、自适应学习与优化、预测性维护与故障预防、人机交互与协同工作以及供应链数据分析与优化等功能，机器人能够为企业带来更高的效率和准确性，提升供应链的竞争力和韧性。

（三）机器人与人工智能的协同工作

机器人与人工智能（AI）的协同工作已经成为推动供应链创新和效率提升的关键动力。机器人能够收集供应链中的各种数据，包括订单、库存、运输状态等，然后根据这些信息进行智能规划，包括最优的运输路径、库存分配等。AI 可以将这些规划结果转化为具体的任务，并分配给相应的机器人执行。这种协同工作使得供应链中的任务分配更加合理和高效。机器人在执行任务的过程中，可以实时收集各种数据，如库存状态、货物位置、运输速度等。这些数据通过物联网技术传输到 AI 系统中，AI 系统再对这些数据进行处理和分析，以了解供应链的实时状态。这种协同工作使得供应链管理者能够实时掌握供应链的情况，从而做出更准确的决策。通过 AI 技术，机器人可以不断地学习和优化自身的操作方式。机器人可以根据历史数据预测货物的移动规律，从而提前进行准备和规划。AI 系统还可以根据机器人的性能数据，对机器人的操作进行优化，以提高其执行效率和准确性。这种协同工作使得机器人能够不断地适应供应链的变化，提高供应链的灵活性和响应速度。AI 系统可以通过分析机器人的运行数据，预测可能出现的故障，并提前进行维护。这种协同工作可以大大减少机器人的停机时间，提高机器人的可靠性和稳定性。AI 系统还可以根据机器人的维护记录，对机器人的维护策略进行优化，以延长机器人的使用寿命。

在供应链中，机器人和人类需要共同完成任务。通过 AI 技术，机器人可以理解人类的指令和需求，并作出相应的响应。人类也可以利用 AI 系统提供的实时数据和分析结果，更好地指导机器人的操作。这种协同工作可以提高供应链中的工作效率和准确性，降低人为错误带来的风险。AI 系统可以为供应链管理者提供智能决策支持。通过分析大量的供应链数据，AI 系统可以发现潜在的问题和优化机会，并为管理者提供相应的解决方案。这种协同工作可以帮助管理者更好地应对供应链中的挑战和变化，提高供应链的竞争力和韧性。机器人与人工智能通过智能规划与任务分配、实时数据收集与处理、自主学习与优化、故障预测与维护、人机协同操作以及智能决策支持等方面的协同工作，共同推动了供应链的创新和效率提升。

二、智能机器人在供应链中的应用

（一）自动化仓储与搬运

随着技术的不断进步，智能机器人在供应链中的应用越来越广泛，特别是在自动化仓储与搬运领域，它们发挥着举足轻重的作用。智能机器人利用先进的机器视觉技术和图像识别算法，能够准确快速地识别货物上的条形码、二维码或 RFID 标签，从而实现对货物的精确识别。通过结合机器人的导航系统和定位技术，机器人可以迅速定位到目标货物的存储位置，大大减少了寻找货物的时间。智能机器人配备有强大的机械臂和抓取装置，能够根据不同货物的形状、尺寸和重量，自动调整抓取方式和力度，实现货物的自动化搬运。机器人还可以根据仓库的布局和货物的存储要求，自动进行堆垛和货架整理，使仓库空间得到充分利用，提高货物的存储密度和安全性。智能机器人通过实时收集货物的入库、出库、移动等数据，可以实现对库存的实时监控和管理。这些数据可以通过无线网络传输到企业的管理系统中，为决策者提供准确的库存信息，帮助他们更好地掌握库存状况，制订更合理的采购、生产和销售计划。

在自动化仓储与搬运过程中，智能机器人需要在复杂的仓库环境中自主导航和避障。通过结合环境感知、地图构建和路径规划等技术，机器人可以实时感知周围环境的变化，自动规划最优的搬运路径，并避开障碍物，确保搬运任务的高效完成。智能机器人通常采用先进的安全技术和防护措施，如碰撞检测、紧急制动、声光报警等，以确保在搬运过程中的人员和设备安全。机器人还可以根据货物的特性和搬运要求，自动调整搬运速度和力度，避免因操作不当导致的货物损坏或人员伤害。通过引入智能机器人进行自动化仓储与搬运，企业可以释放大量的人力资源，使他们能够从事更具附加值的工作。机器人可以连续不间断地工作，不受工作时间和疲劳度的限制，从而提高了工作效率和降低了运营成本。智能机器人还具有高度的灵活性和可扩展性，可以根据企业的实际需求进行定制和升级。无论是仓库的布局调整、货物种类的变化，还是搬运任务的增加，机器人都能够迅速适应并满足企业的需求。智能机器人在自动化仓储与搬运领域的应用，不仅提高了供应链的效率和准确性，降低了运营成本，还为企业带来了更高的灵活性和可扩展性。随着技术的不断进步和应用场景的拓展，智能机器人在供应链中的作用将越来越重要。

（二）自动化分拣与包装

在供应链中，自动化分拣与包装是智能机器人发挥的又一关键环节，智能机器人利用先进的视觉识别技术和机械臂，能够高速、精准地识别货物上的标签、条形码等信息，并根据预设的规则进行分拣。相比传统的人工分拣，智能机器人不仅提高了分拣效率，还显著降低了错误率。智能机器人能够根据货物的尺寸、形状和特性，自动选择合适的包装材料和方式，如纸箱、塑料袋、气泡膜等。通过预设的包装算法，机器人可以自动计算所需的包装材料数量，并进行精确地切割和封装，避免了材料浪费。结合人工智能技术，智能机器人可以分析历史数据和实时数据，不断优化包装策略，如减少包装材料的使用量、提高包装效率等。这种数据驱动的包装优化有助于降低企业的运营成本，并提高客户满意度。智能机器人在自动化分拣与包装系统中可以与其他自动化设备

（如传送带、升降机等）进行无缝集成和协作。通过物联网技术和实时数据交换，机器人可以实时了解整个系统的运行状态，并根据需要进行动态调整和优化。借助人工智能的预测性维护技术，智能机器人可以实时监测自身的运行状态和性能参数，预测可能发生的故障并提前进行维护。这种智能故障预测与维护技术有助于减少机器人停机时间，提高系统的可靠性和稳定性。智能机器人在自动化分拣与包装过程中注重环保和可持续性，并通过优化包装策略和使用环保材料等方式降低对环境的影响。机器人本身也采用节能设计和可回收材料制造，以降低能源消耗和减少废弃物产生。智能机器人在自动化分拣与包装领域的应用不仅提高了供应链的效率和准确性，还为企业带来了环保、可持续性等多方面的优势。随着技术的不断进步和应用场景的拓展，智能机器人在供应链中的作用将更加重要。

（三）机器人巡检与维护

在供应链中，机器人的应用不仅局限于直接的生产和物流环节，还在巡检与维护方面展现出巨大潜力。机器人巡检能够替代人工进行定期或不定期的巡检工作，特别是在一些危险、恶劣或难以到达的环境中。它们可以通过预设的路线或自主导航系统进行巡检，收集关键数据，如温度、湿度、压力、振动等，并实时传输到监控中心。这种自动化巡检不仅提高了工作效率，还降低了人工巡检的风险和成本。机器人巡检收集的数据可以通过人工智能技术进行实时分析和处理。系统可以根据这些数据预测潜在问题或故障，并及时向维护人员发出预警，以便他们采取相应的措施。这种实时数据分析有助于提前发现和解决问题，避免潜在的安全隐患和生产中断。一些更先进的机器人还具备自主维护能力。它们可以通过内置的传感器和诊断系统实时监测自身的运行状态和性能参数，一旦发现异常或故障，可以自动进行修复或调整。这种自主维护能力减少了维护人员的干预需求，提高了设备的可用性和可靠性。结合历史数据和实时数据，人工智能系统可以为机器人制订智能维护计划。这些计划可以根据设备的运行状况、使用频率和预计寿命等因素进行个性化定制，以确保设备在最佳状态下运行。智能维护计划有助于降低维护成本，提高设备的整体性能和使用寿命。

机器人巡检与维护系统还可以用于安全监控。通过部署在关键区域的机器人，可以实时监控潜在的安全威胁或违规行为，如火灾、盗窃或未经授权的访问等。一旦检测到异常情况，机器人可以立即向监控中心发送警报，以便维护人员及时采取应对措施。对于某些需要人工干预的维护任务，机器人可以通过远程操作与控制技术实现。维护人员可以通过远程终端或移动设备对机器人进行实时控制，从而完成复杂的维护任务。这种远程操作与控制技术不仅提高了工作效率，还降低了维护人员的安全风险。机器人巡检与维护系统可以自动记录巡检和维护过程中的所有数据，并生成详细的报告。这些报告可以用于评估设备的性能、预测未来的维护需求以及改进维护策略。数据记录与报告功能为供应链管理者提供了有价值的参考信息，有助于他们做出更明智的决策。机器人在供应链中的巡检与维护应用不仅提高了工作效率和安全性，还降低了成本并延长了设备的使用寿命。相信随着技术的不断进步和应用场景的拓展，机器人在供应链中的作用将更加重要。

三、人工智能驱动的机器人决策与行为

（一）机器人决策支持系统

机器人决策支持系统（Robot Decision Support System，RDSS）是人工智能与机器人技术结合的产物，它利用先进的数据分析、机器学习、深度学习等人工智能技术，为机器人提供智能决策支持，使其能够在复杂的供应链环境中做出更合理、更高效的决策。RDSS 能够集成来自多个数据源的信息，包括供应链中的实时数据、历史数据、市场数据等。通过先进的数据分析技术，如数据挖掘、统计分析等，RDSS 能够发现数据中的规律和趋势，为机器人提供决策依据。利用机器学习算法，如支持向量机（SVM）、随机森林（RF）等，RDSS 可以预测市场需求、库存需求、物流需求等关键指标。这些预测结果可以帮助机器人提前做出决策，如调整生产计划、优化库存水平、规划物流路线等。结合优化算法，如线性规划、动态规划等，RDSS 可以为机器人提供最佳的决策方案。

在库存管理中，RDSS 可以计算出最佳的库存水平，以平衡库存成本和缺货风险；在物流运输中，RDSS 可以规划出最短的运输路线，以降低成本和提高效率。RDSS 具备实时数据处理能力，能够根据实时数据为机器人提供即时的决策支持。在仓库管理中，当某个货物出现短缺时，RDSS 可以立即通知机器人进行补货；在物流运输中，当某个运输路线出现拥堵时，RDSS 可以指导机器人选择其他路线。RDSS 通常配备用户交互界面，方便用户与机器人进行交互和沟通。用户则可以通过界面查看机器人的决策结果、运行状态等信息，并提供反馈意见。这些反馈意见可用于优化 RDSS 的决策模型和算法。RDSS 在设计和实现过程中会充分考虑系统的安全性和可靠性。通过数据加密、访问控制、备份恢复等措施，确保系统数据的安全；通过容错设计、异常处理等措施，确保系统的稳定运行。RDSS 还具备持续学习和改进的能力，它可以通过不断学习和积累新的数据和经验，不断优化自身的决策模型和算法。这种持续学习和改进的能力使得 RDSS 能够适应不断变化的供应链环境，并不断提高自身的决策准确性和效率。机器人决策支持系统通过集成先进的人工智能技术，为机器人提供了强大的智能决策支持。它能够帮助机器人在复杂的供应链环境中做出更合理、更高效的决策，从而提高整个供应链的效率和竞争力。

（二）行为学习与适应

在供应链环境中，机器人的行为学习与适应能力是确保其长期有效运行和持续改进的关键。这种能力主要得益于人工智能技术的深入应用，特别是机器学习和深度学习算法的发展。机器人的行为学习是指机器人通过与环境互动，不断调整和优化其行为模式，以便更好地完成任务的过程。这一过程通常基于强化学习算法，即机器人通过尝试不同的行为策略，并根据环境反馈的奖励或惩罚信号来学习最佳行为方式。在仓库管理中，一个搬运机器人可能最初只会随机选择路径进行货物搬运，但随着时间的推移，它会根据搬运效率和成功率等反馈指标，逐渐学习到最优的路径选择策略。除了学习最佳行为外，机器人还需要具备根据环境变化调整自身行为的能力。供应链环境是动态变化的，货物位置、库存量、订单优先级等因素都可能随时调整。机器人需要能够实时监测这些变化，并迅速调整其行为以适应新环境。这种适应性调整可能包括改变移动路径、调整搬运速度、重新排序任务优先级等。人工智能技术在机器人的行为学习与适应过程中发挥着核心作用。AI 算法能够处理和分析大量的环境数据，为机器人提供实时的决策支持。AI 可以帮助机器人建立预测模型，预测未来环境的变化趋势，从而提前做出适应性调整。AI 还能通过持续地学习和优化，不断提升机器人的行为效率和准确性。

尽管人工智能驱动的机器人在行为学习与适应技术方面取得了显著进展，但仍面临一些挑战，包括如何平衡学习速度和决策准确性、如何确保机器人在复杂环境中的安全性和稳定性等。未来，随着计算能力的提升和算法的优化，可以期待机器人在供应链中展现出更加智能和灵活的行为模式，进一步提高供应链的效率和响应速度。机器人的行为学习与适应能力是其智能化发展的关键所在。通过充分利用人工智能技术，可以构建出更加智能、高效和灵活的供应链系统，以应对日益复杂多变的市场需求。

（三）机器人自主性与智能水平

在供应链管理中，机器人的自主性和智能水平直接决定了其能否高效、准确地完成任务，以及能否适应复杂多变的环境。随着人工智能技术的不断进步，机器人的自主性和智能水平也在不断提升，使其能够承担更多复杂的任务，并在供应链中发挥更大的作用。机器人的自主性是指机器人在没有或只有少量人为干预的情况下，能够独立完成任务的能力。在供应链中，机器人的自主性可以体现在多个方面，如自主导航、自主抓取、自主决策等。具有较高自主性的机器人能够减少对人类操作员的依赖，提高供应链的自动化水平，从而降低成本、提高效率。机器人的自主性对于供应链管理至关重要。它能够减少人为错误和干扰，提高操作的准确性和可靠性。自主性机器人能够迅速响应环境变化，自主调整任务策略，以适应供应链中的不确定性。自主性机器人能够持续学习和优化，不断提高自身的性能，以适应日益复杂多变的供应链环境。通过深度学习、强化学习等算法，机器人能够不断学习和积累知识，提高自身的感知、理解和决策能力。通过传感器和图像处理技术，机器人能够实时感知周围环境，获取货物的位置、数量等信息。利用自然语言处理和知识图谱等技术，机器人能够理解人类的指令和需求，实现与人类的自然交互。基于大数据分析和机器学习算法，机器人能够预测未来供应链趋势，自主制定任务策略，优化资源配置。

　　尽管人工智能技术在提升机器人自主性和智能水平方面取得了显著进展，但仍面临一些挑战。如何确保机器人在自主决策过程中始终遵循人类的价值观和道德准则是一个重要问题。随着机器人自主性的提高，如何保障其安全性和稳定性也成了一个亟待解决的问题。如何平衡机器人的自主性和人类的监管也是一个需要深入探讨的议题。未来，随着人工智能技术的不断发展和完善，可以期待机器人的自主性和智能水平得到进一步提高。随着相关法律法规和伦理规范的建立与完善，机器人的应用将更加安全和可靠。机器人与人类之间的协作将更加紧密，共同推动供应链的智能化和自动化水平不断提高。

第六章

机器人在
生产线上的应用

本章将深入探讨机器人在生产线上的具体应用，从自动化组装线开始，逐步扩展到更广泛的领域，以期为读者呈现一个全面而深入的机器人应用图景。自动化和智能化是现代制造业的两大发展趋势，而机器人是实现这一目标的重要工具，其在生产线上的应用已经取得了显著的成果。无论是传统的制造行业，还是新兴的高科技产业，机器人都在发挥着越来越重要的作用。它们不仅可以完成繁重、单调的重复性工作，还可以替代人类在危险环境中进行作业，从而大大提高了生产的安全性和效率。自动化组装线是现代制造业中最为常见的机器人应用场景之一，它通过引入机器人技术，实现了产品的自动化组装和检测，大大提高了生产效率和产品质量。接下来，本章将详细分析自动化组装线的工作原理、优势以及存在的问题，并通过实际案例来展示其在实际生产中的应用效果。

自动化组装线

自动化组装线是机器人技术在生产线上的一个重要应用领域。它利用机器人替代传统的人工操作，实现了产品的自动化组装和检测，极大地提高了生产效率和产品质量。自动化组装线的出现，不仅解决了传统生产线中存在的人力成本高、生产效率低等问题，还提高了生产的稳定性和可靠性，为现代制造业的发展注入了新的活力。自动化组装线通常由多个机器人和自动化设备组成，它们通过协同工作，完成产品的组装、检测、包装等一系列操作。这些机器人和自动化设备具备高度的灵活性和可编程性，可以根据不同的产品需求和生产流程进行调整和优化。它们还具备高精度、高效率、高稳定性等特点，可以确保产品的一致性和可靠性。

一、自动化组装线的基本概念

自动化组装线，简称自动线，是现代制造业中不可或缺的一部分，它通过一系列自动化的设备、机器人和控制系统，实现产品零部件的自动抓取、传输、定位、组装、检测等工序，从而大幅提高生产效率、降低生产成本、提高产品质量。自动化组装线通常配备有高效的物流传输系统，如传送带、滚筒线、链板线等，这些系统负责将待组装的零部件从起点输送到各个组装工位。机器人或专用设备则通过视觉识别、传感器等技术，精确定位零部件的位置，并利用气动、电动或伺服驱动装置，准确抓取零部件。在组装工位，机器人或专用设备可以根据预设的工艺流程，将零部件进行组装。这些工艺流程可能包括焊接、螺丝拧紧、粘接、卡扣等多种方式。在组装过程中，自动化组装线会进行实时质量检测，如尺寸测量、外观检查、功能测试等，确保每个组装步骤都符合质量要求。自动化组装线通过 PLC（可编程逻辑控制器）、MES（制造执行系统）等信息化系统，实现对整个生产过程的集中控制、数据采集和分析，以确保生产过程的稳定性和可追溯性。自动化组装线的实现方式多种多样，可以根据产品的特性和生产需求进行定制。在电子产品制造中，自动化组装线可以实现电路板插件、元件焊接、外壳组装等工序的自动化；在汽车制造中，自动化组装线可以实现发动机、底盘、车身等部件的自动化组装。随着机器人技术的不断发展和应用，自动化组装线在灵活性、适应性、智能化等方面都得到了显著提高。未来，自动化组装线将继续向更高效、更智能、更环保的方向发展，为制造业的转型升级提供有力支撑。

二、自动化组装线的组成与配置

（一）机器人与自动化设备

自动化组装线的核心组成部分是机器人与自动化设备，它们共同协作，完成从原材料到最终产品的整个组装过程。工业机器人是自动化组装线中的关键设备，它们具备高精度、高重复性和高效率的特点。工业机器人通常通过手臂、手腕、末端执行器等部件来实现抓取、搬运、定位、组装等操作。在自动化组装线上，工业机器人可以根据预设的程序或外部指令，精确地抓取零部件，并按照指定的路径和速度将其输送到指定的位置。工业机器人的类型多种多样，包括 SCARA 机器人、六轴机器人、Delta 机器人等。每种类型的机器人都有其独特的优势和适用场景。例如，SCARA 机器人适合在平面内进行高速、高精度的定位和运动；六轴机器人具有更大的灵活性和工作范围，可以适应更复杂的组装任务；而 Delta 机器人则以其高速、高重复性的特点，在食品、药品等行业的包装和分拣领域得到广泛应用。除了工业机器人外，自动化组装线还配备了各种自动化设备，以支持不同的组装任务。这些设备包括输送设备、定位设备、夹持设备、拧紧设备、检测设备等。

输送设备如传送带、滚筒线、链板线等，负责将零部件从起点输送到各个组装工位。这些设备可以根据生产需求进行定制，以适应不同尺寸、形状和重量的零部件。定位设备通过视觉识别、传感器等技术，精确定位零部件的位置和方向，为机器人和自动化设备提供准确的抓取和组装依据。夹持设备还用于固定和夹持零部件，确保在组装过程中不会发生移动或倾斜。夹持设备可以根据零部件的形状和尺寸进行定制，以实现稳定的夹持效果。拧紧设备用于将螺栓、螺母等紧固件拧紧到指定位置，从而确保组装后的产品具有足够的强度和稳定性。拧紧设备可以通过电动、气动或伺服驱动等方式实现精确的扭矩控制。检测设备在组装过程中进行实时质量检测，如尺寸测量、外观检查、功能测试等。检测设备可以通过传感器、相机等装置收集数据，并通过计算机程序进行分析和处理，以确保每个组装步骤都符合质量要求。这些自动化设备与工业机器人相互协作，形成了一个高效、稳定的自动化组装系统。通过合理的配置和调度，自动化组装线可以实现高效、连续、稳定的生产，为制造业的转型升级提供有力支撑。

（二）传送带与物料处理系统

在自动化组装线中，传送带与物料处理系统负责将零部件、半成品和成品在生产线上的各个环节之间进行高效、准确的传输和分配。传送带系统是自动化组装线中最常见的物料传输方式之一。它通常由电机、驱动滚筒、输送带、支撑架等部分组成，能够连续、稳定地将物料从一个工位输送到另一个工位。传送带系统的类型多样，包括直线形、环形、转弯形等，可以根据生产线的具体需求进行定制。传送带系统负责将待组装的零部件、半成品等物料从起点输送到各个组装工位，确保生产线的连续运行。在生产线上的关键工位设置缓冲区域，通过传送带系统实现物料的临时存储和调节，以应对生产过程中的波动和变化。通过传送带系统的分支和合并设计，实现不同物料在生产线上的分流和合流，以满足不同产品的组装需求。

物料处理系统是一个综合性的系统，涵盖物料识别、定位、抓取、搬运、堆叠等一系列操作，以实现对物料的高效管理和利用。在自动化组装线中，物料处理系统通常与机器人、传感器、视觉系统等设备相结合，共同完成物料的处理任务。通过先进的传感器和视觉系统，实现对物料的精确识别和定位，确保机器人或自动化设备能够准确地抓取和搬运物料。物料处理系统通过优化算法和高效的传输设备，实现对物料的高速搬运和传输，以提高生产线的整体效率。物料处理系统可以根据生产线的实际需求进行定制和调整，以适应不同产品的组装需求和生产变化。在自动化组装线中，物料处理系统的主要应用包括：物料识别与定位，通过视觉系统或传感器识别物料上的标识信息，如条形码、二维码等，实现对物料的精确识别和定位。物料抓取与搬运，机器人或自动化设备根据物料处理系统的指令，准确地抓取物料并将其搬运到指定的位置。物料堆叠与存储，物料处理系统可以将物料按照指定的方式和顺序进行堆叠和存储，以便后续的生产和运输。传送带与物料处理系统是自动化组装线中不可或缺的组成部分。它们通过高效的物料传输和精确的物料处理，为自动化组装线的连续、稳定运行提供了有力保障。随着机器人和自动化技术的不断发展，相信传送带与物料处理系统将在未来的自动化组装线中发挥更加重要的作用。

（三）控制系统与编程

在自动化组装线中，控制系统与编程是确保整个系统高效、稳定运行的关键。控制系统负责协调各个设备和机器人之间的动作，确保它们按照预定的工艺流程进行工作；而编程则是实现这一协调过程的基础，通过编写特定的程序来指导设备和机器人的行为。控制系统是自动化组装线的"大脑"，它负责接收来自传感器、操作员或其他输入设备的信息，并据此作出决策，控制设备和机器人的动作。一个典型的控制系统包括以下几个部分：中央控制器通常是一台高性能的计算机或专用控制器，负责接收和处理来自各个设备和传感器的信息，并根据预设的程序或算法发出控制指令；传感器用于检测生产线上的各种参数，如位置、速度、温度、压力等；执行器则根据控制器的指令驱动设备和机器人进行动作。自动化组装线中的设备和机器人需要通过某种方式进行通信，以共享信息和接收指令。常见的通信方式包括以太网、现场总线、无线通信等。控制系统通常配备有用户界面，以便操作员可以实时监控生产线的运行状态、调整参数或进行故障排除。

编程是实现自动化组装线功能的基础。通过编写特定的程序，可以控制设备和机器人按照预定的工艺流程进行工作。工艺流程设计需要明确产品的组装工艺流程，包括各个工序的顺序、所需的设备和机器人，以及每个工序的具体操作。程序编写根据工艺流程设计，使用特定的编程语言（如 G 代码、PLC 编程语言、机器人编程语言等）编写程序。程序需要详细描述每个设备和机器人在每个工序中的动作、速度、时间等参数。编写完程序后，还需要进行测试以确保其正确性和可靠性。在测试过程中，可能需要调整程序中的参数或添加额外的功能来优化生产线的性能。随着生产线的运行和产品需求的变化，可能需要对程序进行维护和更新，包括修复程序中的错误、添加新的功能或调整工艺流程等。在自动化组装线的编程过程中，通常会使用一些辅助工具和技术来提高编程效率和质量。例如，可以使用仿真软件来模拟生产线的运行情况，以便在实际运行之前发现和解决潜在的问题；还可以使用模块化编程技术来简化程序的编写和维护工作。

三、生产线自动化与协同

机器人通过精确的编程和先进的机械系统，能够在生产线上实现高速、高精度的操作。例如，在汽车制造业中，机器人可以精确地完成车身焊接、喷漆等任务，其精度和效率远超人工操作。机器人可以实现 24 小时不间断工作，确保生产线的连续运行。这不仅可以提高生产效率，还可以应对紧急订单和高峰期的生产需求。自动化生产线的引入减少了对大量人工的依赖，降低了人力成本。机器人可以承担一些繁重、危险或单调的工作，从而改善工人的工作环境。人机协同系统允许机器人与人类一起工作，各自发挥优势。机器人可以处理重物、危险或高精度任务，而人类则只需专注复杂的决策和创造性工作。这种合作模式可以确保工作环境的安全性，并减少潜在的风险。人机协同可以显著提高生产效率。机器人与人类共同完成任务，可以加快生产速度，缩短生产周期。机器人还可以提供准确的数据支持，帮助人类做出更明智的决策。随着人工智能技术的不断进步，机器人将具备更高的智能化水平。它们将能够自主学习和决策，更好地适应复杂多变的工作环境。未来机器人将支持更多模态的交互方式，如语音、手势、视觉等。这将提高人机交互的自然性和便捷性，使机器人更容易与人类沟通和协作。柔性制造将成为未来机器人技术发展的重要方向。

机器人将能够快速部署和适应不同生产场景的需求,以满足市场变化对生产灵活性的要求。为了提高人机协同的效果,需要设计人性化的界面和交互方式。这包括简化操作流程、提供直观易懂的操作指导以及采用人机交互技术如声音提示、触摸屏等。在人机协同的生产线上,需要采取有效的安全措施来确保人类工人的安全,包括安装传感器、警示灯和紧急停机装置等设备来监测和控制机器人的运行状态。随着自动化生产线的引入,需要对工人进行相应的技能培训,包括学习如何操作和维护机器人、适应新的工作流程以及增强安全意识等。机器人在生产线自动化与协同方面的应用为企业带来了诸多优势,包括提高生产效率、改善工作环境、降低人力成本等。

四、自动化组装线的优化与改进

(一)流程优化与效率提升

通过优化机器人的动作序列、路径规划以及任务分配算法,可以显著减少机器人的空闲时间和运动距离,从而提高生产效率。采用模块化设计思想,可以将自动化组装线划分为若干个相对独立的模块。每个模块负责完成特定的生产任务,模块之间通过标准化的接口进行连接。当某个模块出现问题时,可以方便地进行更换和维修,而不影响整个生产线的运行。引入智能调度系统后,根据生产任务的紧急程度和重要性,智能地调整生产线的运行速度和资源配置。在高峰时段,可以增加机器人的数量和运行速度,以满足生产需求;在低谷时段,则可以降低运行速度和资源消耗,以节约能源和成本。建立完善的预防性维护和故障诊断体系,并通过定期检查、更换磨损件和预测性维护等方法,降低设备故障率。

(二)质量控制与错误监测

在自动化组装线上,集成智能传感器和监测设备可以实时监测生产过程中的各项参数和指标。例如,压力传感器可以检测设备的压力和负荷情况,温度传感器可以监测设备的温度变化,振动传感器可以检测设备的振动状态,等等。

这些传感器和监测设备能够实时反馈生产线的运行状态，一旦发现异常或问题，系统可以立即进行干预和调整，以避免不良品的产生。机器学习算法在质量控制领域具有巨大的应用潜力，通过分析历史生产数据和产品质量信息，机器学习算法可以建立预测模型，预测产品的质量和可能出现的问题。在生产过程中，系统可以实时监测生产参数和指标，并利用预测模型进行质量预测。一旦发现潜在的质量问题，系统可以立即进行干预和调整，以避免不良品的产生。这种方法不仅可以提高产品质量，还可以降低生产过程中的废品率和返修率。虽然自动化组装线减少了人力需求，但人机协同仍然是提高质量控制和错误检测效率的关键。通过优化人机交互界面和操作流程，降低操作难度和错误率，可以提高工人的操作效率和准确性。加强工人与机器人之间的沟通与协作，共同解决生产过程中的问题。此外，引入智能决策支持系统，可以帮助工人和管理人员快速做出决策，提高生产线的响应速度和灵活性。在自动化组装线上，实施全面的质量追溯与追溯管理可以确保产品质量的可追溯性和可控制性。通过建立完善的质量追溯系统，可以记录每个产品的生产过程、原材料来源、生产设备等信息。一旦出现质量问题，就可以迅速追溯到问题的源头，并采取相应的措施进行解决。这不仅可以提高产品质量和客户满意度，还可以降低企业的质量风险和成本。质量控制与错误检测是自动化组装线优化与改进的重要方面。通过引入先进的视觉检测系统、集成智能传感器与监测设备、应用机器学习算法进行质量预测、加强人机协同与智能决策以及实施全面的质量追溯与追溯管理等方法，可以大幅提高自动化组装线的质量控制和错误检测效率，从而确保产品质量的稳定性和可靠性。

机器人与人工协作的生产环境

机器人与人工的协作，不仅提高了生产效率，还提升了生产环境的安全性和舒适度，为制造业的发展带来了新的机遇和挑战。在传统的生产线上，机器人被设计用来执行重复、繁重的任务，而人类则负责更复杂的操作和决策。随着技术的不断进步，现代机器人已经具备了更高的智能水平和自主决策能力，能够与人类进行更加紧密的协作。

一、人机协作的基本概念

（一）人机协作的定义与重要性

人机协作，顾名思义，是指机器人与人类在生产环境中共同工作、相互配合，以高效完成生产任务的一种模式。在这种模式下，机器人不再是简单的自动化执行者，而是成为人类的工作伙伴，通过智能感知、决策与执行能力，与人类共同应对复杂的生产挑战。人机协作的生产环境是一个高度集成的系统，其中包含先进的机器人技术、人工智能技术、传感器技术以及人机交互技术等。这些技术共同支撑起一个灵活、高效、安全的生产环境，使得人类与机器人能够在不同的生产环节中无缝衔接，从而实现生产流程的最优化。

人机协作能够充分发挥人类与机器人的各自优势，实现优势互补。人类擅长进行复杂的决策和创造性工作，而机器人则擅长执行重复、单调且高精度的工作。通过人机协作，可以极大地提高生产效率，缩短生产周期。

人机协作有助于降低生产成本。随着机器人技术的不断发展，机器人的价格逐渐降低，使得在生产线中引入机器人成为可能。人机协作的生产模式可以降低对人力资源的依赖，减少人力成本。机器人能够长时间连续工作，减少了因工人疲劳或失误导致的生产损失。机器人还具有高精度、高稳定性的特点，能够在生产过程中保持恒定的生产质量。通过人机协作，人类可以监控机器人的工作状态，及时发现并纠正生产过程中出现的问题，确保产品质量的稳定性和一致性。人机协作的生产环境可以根据市场需求的变化快速调整生产计划和生产流程。机器人能够快速适应新的生产任务和生产要求，而人类则可以根据实际情况进行灵活调整和优化。在一些危险或有害的环境中，机器人可以替代人类进行作业，降低工伤事故的发生率。机器人还可以实时监控生产环境的安全状况，确保生产过程的安全可靠。人机协作在现代制造业中具有举足轻重的地位，相信随着技术的不断进步和应用领域的扩展，人机协作的生产模式将成为未来制造业的重要发展趋势之一。

（二）人机协作与传统生产模式的区别

在探讨人机协作的基本概念时，就不得不提到它与传统生产模式的显著区别。传统生产模式主要依赖于人力进行生产操作，而人机协作则通过引入机器人技术，实现人类与机器人在生产过程中的紧密配合和优势互补。

1. 生产效率与成本

传统生产模式人力操作受到工作疲劳、技能水平、工作态度等多种因素的影响，生产效率难以保持稳定。此外，随着劳动力成本的上升，传统生产模式的人力成本也在不断增加。在人机协作模式中机器人具有高精度、高效率、高稳定性等特点，能够持续稳定地进行生产操作，提高生产效率。机器人能够替代部分人力，降低对人力资源的依赖，从而降低生产成本。

2. 产品质量与一致性

传统生产模式由于人力操作的差异性，产品质量难以保持一致性。人为因素如疏忽、错误等也可能导致产品出现质量问题。人机协作模式中机器人具有严格的生产程序和质量控制机制，能够确保产品质量的稳定性和一致性。人类可以通过监控和调整机器人的工作状态，进一步提高产品质量。

3.生产灵活性

传统生产模式中人力操作的生产线在调整生产计划和生产流程时需要耗费大量的时间和人力，导致生产灵活性受限。人机协作模式，机器人能够快速适应新的生产任务和生产要求，实现生产线的快速调整和切换。人类可以根据市场需求的变化灵活调整生产计划，提高生产灵活性。

4.工作环境安全性

在传统生产模式中一些危险或有害的工作环境中，人力操作存在较大的安全隐患，如重物搬运、高温作业、有毒气体排放等都可能对工人造成伤害。在人机协作模式中，机器人可以替代人类进行这些危险或有害的作业，降低工伤事故的发生率。机器人还可以实时监控生产环境的安全状况，确保生产过程的安全可靠。

5.创新能力与适应性

在传统生产模式中，虽然人类具有强大的创新能力和适应性，但在处理复杂、重复或高精度任务时，人力操作则难以达到最佳效果。人机协作模式可以通过引入机器人技术，人类可以将精力更多地集中在创新、决策和复杂任务的处理上，而机器人则负责执行简单、重复和高精度的任务。这种分工使得人机协作模式在创新能力和适应性方面更具优势。人机协作模式与传统生产模式在多个方面存在显著区别。随着机器人技术的不断发展和应用领域的扩展，人机协作模式必将成为未来制造业的重要发展趋势之一。

二、机器人与人工协作的技术支持

（一）机器人感知与交互技术

在机器人与人工协作的生产环境中，机器人感知与交互技术是实现人机和谐共生的关键技术之一。这些技术不仅赋予了机器人感知外部环境和人类行为的能力，还使得机器人能够与人类进行有效的沟通和协作。机器人感知技术主要包括视觉感知、触觉感知、力觉感知等。通过这些感知技术，机器人能够实时获取外部环境的信息，包括物体的位置、形状、大小、颜色等，以及人类的行为和姿态等。机器人通过摄像头等视觉传感器获取外部环境的图像信息，并通过图像处理和计算机视觉技术，实现对图像的理解和分析。视觉感知技术使得机器人能够识别生产线上的物体、检测产品质量、跟踪人类动作等。机器人通过触觉传感器感知物体表面的形状、硬度、温度等信息。在人机协作过程中，触觉感知技术使得机器人能够感知到人类的触碰和力量，从而做出适当的反应和调整。力觉感知技术使机器人能够感知到作用在自身上的力的大小和方向。在装配、搬运等操作中，力觉感知技术有助于机器人实现精确控制，避免对物体或人类造成损伤。

机器人交互技术包括语音交互、手势交互、触摸交互等。这些技术使得机器人能够与人类进行自然、高效的沟通，提高人机协作的效率和舒适度。通过语音识别和语音合成技术，机器人能够理解人类的语音指令，并给出相应的语音回应。语音交互技术使得机器人能够与人类进行实时对话，并接收操作指令和反馈信息。

手势交互技术使得机器人能够识别和理解人类的手势动作。通过手势交互，人类可以向机器人传达复杂的操作指令或情感信息，实现更加直观、自然的交互方式。触摸交互技术是通过触摸屏或触摸传感器实现机器人与人类的直接交互。人类可以通过触摸屏幕或触摸传感器来操作机器人，实现精确控制和实时反馈。在机器人与人工协作的生产环境中，机器人感知与交互技术为机器人提供了强大的信息获取和沟通能力。通过这些技术，机器人能够实时感知外部环境的变化和人类的行为意图，与人类进行高效、准确的沟通和协作，共同完成生产任务。随着技术的不断进步和应用领域的扩展，机器人感知与交互技术将不断得到优化和完善，从而为机器人与人工协作的生产环境提供更加可靠、智能的技术支持。

（二）人工智能与机器学习在人机协作中的应用

在机器人与人工协作的生产环境中，人工智能（AI）与机器学习（ML）技术的融合和应用，为人机协作带来了革命性的变革。这些先进的技术不仅提高了机器人的智能化水平，还使得人机协作更加高效、灵活和智能。通过应用人工智能与机器学习技术，机器人可以实时收集和分析生产过程中的数据，包括生产进度、产品质量、设备状态等。基于这些数据，机器人可以学习并优化生产流程，实现智能化决策和预测。例如，机器人可以根据历史数据和当前生产情况，预测设备的维护需求，提前安排维护计划，避免生产中断。此外，机器人还可以根据市场需求和产品特点，智能调整生产计划，以满足不同客户的个性化需求。机器学习技术使机器人具备了自适应学习和优化的能力，机器人可以通过不断尝试和试错，学习新的操作技能和知识。在生产过程中，机器人可以根据人类的操作习惯和技巧，自主学习并优化自身的操作方式。机器人还可以根据生产环境的变化和产品的多样性，自适应调整自身的工作模式和参数设置，以适应不同的生产需求。人工智能与机器学习技术可以实现人机协同作业和智能调度。机器人可以通过学习人类的工作流程和操作习惯，与人类实现更加紧密和高效的协作。例如，在装配线上，机器人可以负责执行高精度和高重复性的任务，而人类则负责进行复杂和创造性的操作。通过智能调度系统，机器人可以实时了解人类的工作状态和需求，合理安排自身的任务和工作顺序，以实现人机协同作业的最优化。在人机协作的生产环境中，安全性和风险评估也至关重要。人工智能与机器学习技术可以帮助机器人实时感知和评估生产环境的安全状况，并采取相应的预防措施。例如，机器人可以通过学习人类的安全操作规范和行为习惯，自主识别和避免潜在的安全风险。机器人还可以实时监测生产设备的运行状态，预测和识别潜在的设备故障和安全隐患，并提前采取措施进行预防和处理。人工智能与机器学习技术还可以优化用户体验和反馈机制。通过收集和分析人类用户的反馈数据，机器人可以了解用户对生产过程的满意度和需求变化，并据此进行改进和优化。机器人还可以根据用户的个性化需求，提供定制化的服务和解决方案，从而提高用户体验和满意度。人工智能与机器学习在人机协作中的应用极大地提高了机器人的智能化水平和人机协作的效率和灵活性。这些技术的应用不仅使得机器人能够更好地适应和满足生产需求，还为人类工作者提供了更加安全、舒适和高效的工作环境。随着技术的不断进步和应用领域的扩展，人工智能与机器学习将在人机协作中发挥更加重要的作用。

（三）协作机器人的设计与安全标准

随着机器人技术的飞速发展，协作机器人（Cobots）在生产线上的应用越来越广泛。协作机器人以其与人类共同工作的能力，为生产线带来了更高的灵活性和效率。为了确保人机协作的安全性，协作机器人的设计与安全标准显得尤为重要。协作机器人的设计理念主要强调与人类工作伙伴的和谐共生。这意味着协作机器人需要具备与人类相似的感知、学习和决策能力，以便更好地理解人类的需求和意图。协作机器人还需要具备高度的灵活性和适应性，以便在不同的生产环境中与人类进行高效的协作。为了实现这一目标，协作机器人的设计通常采用模块化、可重构和可定制化的方法。这种设计方法使得协作机器人能够根据不同的生产需求进行快速调整和优化，从而实现与人类的高效协作。在人机协作的生产环境中，安全是首要考虑的因素。为了确保人机协作的安全性，需要制定并执行一系列的安全标准。协作机器人需要满足国际和地区的安全法规和标准，如 ISO 10218、ANSI/RIA R15.06 等。这些标准规定了协作机器人在设计、制造、安装和使用过程中需要遵循的安全要求和规范。协作机器人需要配备完善的安全防护装置和紧急停止装置。这些装置能够保证在机器人出现故障或危险情况时迅速切断电源或停止机器人的运动，从而保护人类工作伙伴的安全。还需要制定详细的操作规范和安全指南，以确保人类工作伙伴能够正确地操作和维护协作机器人。这些规范和指南应包括机器人的安全操作规程、紧急情况下的应急措施以及日常维护和保养方法等。

为了确保人机协作的安全性，还需要对协作机器人进行实时的安全监控和评估，包括监测机器人的运行状态、感知外部环境的变化以及评估人类工作伙伴的行为和意图等。通过实时监控和评估，可以及时发现并处理潜在的安全隐患。例如，当机器人检测到有人类工作伙伴进入其工作区域时，可以自动减速或停止运动以避免碰撞。当机器人感知到外部环境的变化时，可以自动调整其运动轨迹和速度以适应新的环境。随着技术的不断进步和应用领域的扩展，协作机器人的设计和安全标准也需要不断改进和创新，包括提高机器人的感知能力、学习能力和决策能力，以更好地适应人类的需求和意图；开发更先进的安全防护装置和紧急停止装置以提高机器人的安全性；制定更完善的操作规范和安全指南以提高人类工作伙伴的操作水平等。协作机器人的设计与安全标准是确保人机协作安全性的重要保障。通过制定和执行严格的安全标准、配备完善的安全防护装置和紧急停止装置、进行实时的安全监控和评估以及持续改进和创新等措施，可以为人机协作提供安全、高效和可靠的保障。

三、人机协作的效益分析

（一）提高生产效率与灵活性

人机协作模式不仅保留了人类在复杂决策和精细操作上的优势，也通过机器人的高速、高精度和持续工作能力，极大地提高了整体生产效率。机器人能够承担重复、繁重或危险的工作，从而解放人力去处理更复杂、更具创新性的任务。这种分工使人力资源得到了更合理的配置，不仅减少了因人为因素而导致的生产延误和错误，还提高了整体的生产效率。机器人配备了先进的传感器和数据处理能力，能够实时收集生产线上的数据，并将这些信息反馈给人类操作员或管理系统。这种实时的数据反馈使得生产流程能够更快速地适应市场需求的变化，提高了生产的灵活性。人机协作的生产环境使得柔性制造成为可能。当需要生产不同类型的产品时，机器人能够迅速适应新的生产要求，而人类操作员则可以根据机器人的反馈快速调整生产线布局和工艺参数。这种快速换线的能力缩短了生产准备时间，提高了生产线的响应速度。机器人通常具备预测性维护的能力，能够在故障发生前提前预警，使得维修人员能够及时进行维护，减少了生产线的停机时间。此外，机器人的自我修复和远程升级功能也进一步减少了因设备故障而导致的生产延误。机器人能够承担一些危险的工作，如搬运重物、操作危险设备等，从而降低了人类在工作中受伤的风险。机器人的高精度操作也减少了因人为操作失误而导致的生产事故。人机协作的生产环境使得定制化生产成为可能。机器人能够根据客户的个性化需求快速调整生产参数，而人类操作员则能够为其提供必要的支持和指导。这种快速响应的能力使得企业能够更好地满足市场需求，提高客户满意度。人机协作的生产环境在提高生产效率和灵活性方面具有显著的优势。通过合理的资源配置和实时的数据反馈，人机协作能够优化生产流程、缩短生产周期、提高产品质量和降低生产成本。随着技术的不断进步和应用的深入推广，人机协作将成为未来制造业发展的重要趋势之一。

（二）降低劳动强度与风险

机器人能够承担生产线上的重体力劳动，如搬运重物、操作大型设备等。这些任务对工人的体力和耐力要求较高，长期从事此类工作容易导致身体疲劳和损伤。通过引入机器人，工人可以从繁重的体力劳动中解脱出来，转而从事更为轻松、精细的工作。这不仅降低了工人的劳动强度，还提高了工作效率和产品质量。在某些生产线中，工人需要面对高温、高压、有毒有害等危险环境，而这些环境对工人的身体健康和安全构成严重威胁。机器人可以在这些恶劣环境下稳定工作，降低了工人暴露于危险环境的风险。此外，机器人还可以通过精确控制和预测性维护，减少因设备故障而导致的生产事故，进一步保障工人的安全。通过减轻劳动强度和降低工作环境风险，人机协作模式有助于提高工人的工作满意度。工人可以更加专注于自己的工作，减少因体力和精神压力而导致的负面情绪。机器人与人工的协作也为工人提供了更多的学习和发展机会，使他们在工作中不断成长和进步。在一些行业中，如制造业和物流业，劳动力短缺已成为制约企业发展的"瓶颈"。通过引入机器人与人工协作的生产模式，企业可以更加灵活地应对劳动力短缺问题。机器人可以承担部分工作，减轻工人的工作负担，同时可以通过自动化和智能化技术提高生产效率。这有助于企业保持竞争力并应对市场变化。降低劳动强度与风险还有助于实现企业的可持续发展。通过减少工人因工作环境而导致的健康问题，企业可以降低医疗费用和赔偿成本。人机协作模式也有助于提高生产效率和产品质量，降低资源浪费和环境污染。这些都有助于企业实现经济效益和社会效益的双赢。人机协作模式在降低劳动强度与风险方面具有显著的优势。通过引入机器人与人工协作的生产模式，企业可以改善工作环境、保障工人安全、提高工作满意度并缓解劳动力短缺问题。这些优势将有助于企业提高生产效率、降低成本并实现可持续发展。

第七章

供应链安全与
机器人技术

供应链安全已不再是单一的物流问题，它涉及从原材料采购到最终产品交付的每一个环节。在这个过程中，机器人技术以其高精度、高效率和高可靠性的特点，为供应链安全提供了新的保障手段。机器人能够执行复杂的任务，减少人为错误，提高操作的精准度和一致性，从而在保障产品质量的同时，也大大降低了安全风险。机器人技术还能在供应链中执行监控和检测任务，及时发现并处理潜在的安全隐患。通过与先进的数据分析技术结合，机器人甚至能够预测和预防潜在的安全问题，为供应链的稳定运行提供强有力的支持。在本章中，我们将深入探讨机器人在供应链安全中的角色和价值。还将分析机器人技术如何提升供应链的安全性，包括其在物理安全、信息安全以及风险管理等方面的应用。也会讨论机器人技术在未来供应链安全领域的发展潜力和挑战。通过对本章的学习，读者将更深入地理解机器人技术在供应链安全中的重要性，以及如何利用这一技术来优化和提高供应链的整体性能。

安全管理中的自动化技术

在传统的供应链管理中，安全问题依赖于人工监控和物理防护措施。随着供应链规模的扩大和复杂性的增加，这种传统模式已经难以满足现代企业的需求。自动化技术，尤其是机器人技术，为供应链安全管理提供了新的可能。自动化技术的应用，使得供应链中的许多环节可以实现实时监控和预测性维护。机器人能够不间断地工作，不仅减少了人为因素对安全管理的干扰，还提高了数据收集的准确性和效率。机器人还可以通过算法学习和自我优化，不断提高其在安全管理中的表现。

自动化技术是一种利用控制理论、计算机技术、信息技术、电子技术、液压气压技术等手段，使机器设备或生产过程在不需要人工直接干预的情况下，按照预定的程序或指令自动地进行操作、控制或监视的技术。自动化技术的核心在于通过一系列的技术手段实现系统的自主运行和智能控制。利用传感器、摄像头等感知设备，实时获取环境或设备的信息；通过图像处理、模式识别等技术对信息进行解析和识别。基于感知到的信息，通过预定义的算法或机器学习模型进行决策，并生成相应的控制指令。这些指令可以通过有线或无线方式传输给执行机构，执行机构再根据接收到的指令执行相应的操作，如调整设备的运行参数、控制机械臂的运动等。执行机构会将执行结果反馈给控制系统，以便进行后续的调整和优化。在供应链管理中，自动化技术通过实时监控和数据分析，能够极大地提升物流安全性。在供应链的物流环节，机器人和自动化设备能够不间断地工作，实时监控货物的运输状态、环境条件等关键信息。通过智能分析，系统能够预测潜在的物流风险，如天气变化、交通拥堵情况等，并提前采取应对措施，确保货物能够安全、准时地到达目的地。自动化技术有助于保护数据安全。在供应链中，数据的传输和存储是不可避免的。传统的数据传输因方式存在安全漏洞，容易被黑客攻击或泄露。而自动化技术的应用，通过加密技术、访问控制等手段，能够确保数据在传输和存储过程中的安全性。此外，自动化系统还能够对数据进行实时监控和分析，及时发现异常行为并采取相应的安全措施。自动化技术还能够提高人员安全性，在供应链中，许多工作环节涉及人员的操作和管理。人为因素存在不确定性和风险性，自动化技术的应用，能够减少人工干预的需求，降低因人为失误而导致的安全事故发生的概率。机器人和自动化设备还能够承担一些危险或繁重的任务，保障人员的安全和健康。自动化技术在供应链安全中不仅能够提升物流安全、保护数据安全、提升人员安全，还能够提高整个供应链的效率和可靠性。随着技术的不断进步和创新，自动化技术在供应链安全领域的应用将会越来越广泛，为企业的发展提供更加坚实的安全保障。

一、自动化技术在安全管理中的应用

（一）安全监控系统

在供应链安全管理中，安全监控系统扮演着至关重要的角色。自动化技术为这一系统带来了革命性的改变，使其更加精确、高效和全面。通过集成传感器、摄像头等先进的监测设备，安全监控系统能够实现对仓库、运输途中的货物以及供应链其他关键节点的实时监测。这些设备能够捕捉到温度、湿度、压力、光照等环境参数的变化，以及货物的移动、堆放状态等信息。一旦监测到异常或潜在的安全威胁，系统能够立即发出预警，提醒相关人员及时采取措施。自动化技术的引入使得安全监控系统具备了智能分析和决策的能力。系统能够利用大数据分析和机器学习算法，对监测到的数据进行深度挖掘和分析，发现隐藏在数据中的规律和问题。基于这些分析结果，系统可以自动调整监控策略，优化资源配置，提高安全管理的效率和质量。通过云计算和互联网技术，安全监控系统可以实现远程监控和控制。这使得相关人员能够随时随地通过手机、电脑等设备查看仓库、运输车辆等关键节点的实时情况，并进行远程操控。这种远程监控和控制的能力不仅提高了安全管理的灵活性，还降低了人力成本和时间成本。在安全监控系统中，自动化技术还可以实现自动化响应和处置。一旦监测到异常或潜在的安全威胁，系统便可以自动触发相应的应急措施，如启动灭火系统、关闭危险区域等。这种自动化响应和处置的能力能够迅速控制事态发展，减少损失和风险。安全监控系统还能够实时记录监控数据和事件信息，形成完整的安全管理数据库。这些数据可以用于后续的分析和追溯，帮助企业发现潜在的安全隐患和改进点。这些数据还可以作为法律证据，为企业的安全管理提供有力的支持。自动化技术在供应链安全管理系统中的应用极大地提高了企业安全管理的精确性、高效性和全面性。通过实时监测、智能分析、远程监控与控制以及自动化响应与处置等功能，企业能够及时发现并处置潜在的安全威胁，从而确保供应链的安全稳定。

（二）风险评估与预警

在供应链安全管理中，风险评估与预警是不可或缺的环节。自动化技术凭借其高效的数据处理能力，为风险评估与预警提供了强有力的支持。通过收集和分析供应链中的大量数据，自动化技术能够自动检测异常行为和模式，提前预警潜在的安全风险，为企业的安全管理提供有力保障。自动化技术通过传感器、RFID 标签、物联网设备等手段，实时收集供应链中的各类数据，包括物流信息、库存状态、设备运行状态等。这些数据被整合到一个统一的数据平台中，形成全面、准确的供应链数据仓库。在数据收集与整合的基础上，自动化技术再利用数据挖掘和机器学习等算法，对供应链数据进行深度分析和挖掘。通过模式识别、关联分析等方法，自动化技术能够发现隐藏在数据中的异常行为和模式，揭示潜在的安全风险。基于数据挖掘和分析的结果，自动化技术还能够建立风险预警机制。当发现异常行为或模式时，系统能够自动触发预警机制，向相关人员发送预警信息。预警信息包括风险类型、发生位置、可能的影响等详细信息，帮助企业快速响应并采取措施。在风险预警的基础上，企业可以根据预警信息及时调整和优化安全策略。例如，对于高风险区域或环节，企业可以增加监控设备和人员投入；对于低风险区域或环节，企业可以适当减少监控设备和人员投入，从而降低成本。此外，企业还可以根据历史数据和预警信息，不断优化安全策略，提高供应链的安全性。自动化技术在风险评估与预警过程中还能够实现实时监控和反馈。通过实时收集和分析供应链数据，系统能够及时发现新的安全风险并发出预警。系统还能够对已经发生的安全事件进行实时监控和反馈，确保企业能够及时了解事件进展并采取相应措施。自动化技术在供应链安全管理中的风险评估与预警环节同样发挥了重要作用。通过数据收集与整合、数据挖掘与分析、风险预警机制、安全策略调整与优化以及实时监控与反馈等步骤，自动化技术能够帮助企业提前预警潜在的安全风险，降低潜在风险对供应链的影响。

（三）自动化响应与处置

在供应链安全管理中，一旦确认存在安全威胁，及时、有效的响应与处置至关重要。自动化技术在这方面提供了强大的支持，通过快速、准确的响应和高效的处置措施，极大地降低了安全威胁带来的风险和损失。自动化控制系统是自动化响应与处置的核心，在发现安全威胁后，系统能够迅速做出判断，并通过预设的自动化流程触发相应的响应机制。例如，在网络安全领域，一旦检测到异常流量或攻击行为，自动化控制系统可以立即启动防火墙或入侵检测系统，并对攻击进行拦截和防御。在物理安全方面，如仓库或运输车辆发生火灾、泄漏等紧急情况时，自动化控制系统可以远程关闭相关设备或系统，切断危险源，防止威胁进一步扩散。机器人技术在自动化响应与处置中发挥着越来越重要的作用。与传统的人力处置相比，机器人具有更高的效率和更低的风险。一旦安全威胁被确认，机器人就可以迅速被派往现场进行处置。例如，在火灾现场，机器人能够代替消防人员进入火场进行火势侦察和灭火工作；在危险品泄漏事故中，机器人能够执行清理和修复任务，避免人员直接接触危险物质。此外，机器人还可以配备各种传感器和检测设备，对现场环境进行实时监测和评估，为决策提供准确的数据支持。自动化响应与处置不仅依赖于先进的技术手段，还需要完善的预案管理和协同作战机制。企业可以制定针对不同类型安全威胁的应急预案，明确各级别响应措施和责任人。在自动化控制系统的支持下，预案可以迅速启动并执行。企业还需要建立跨部门、跨领域的协同作战机制，确保在发生安全威胁时能够迅速集结各方力量进行处置。这种协同作战机制可以通过信息共享、资源整合和联合行动等方式实现。自动化响应与处置完成后，企业还需要对事件进行事后分析和总结。通过分析事件的起因、经过和结果，企业可以找出安全漏洞和不足之处，并采取相应的措施进行改进和完善。这种事后分析和总结的过程可以通过自动化技术实现，自动化记录、整理和分析数据的功能能够提高分析效率和准确性。通过自动化控制系统、机器人技术的应用以及预案管理和协同作战机制的支持，企业能够快速、准确地响应安全威胁并采取有效的处置措施，从而保障供应链的安全稳定。

二、自动化技术对供应链安全的贡献

（一）提高安全监控效率

在供应链安全管理中，自动化技术的引入和应用极大地提高了安全监控的效率。传统的安全监控方式往往依赖于人工巡检和记录，这种方式效率低下，且容易因人为因素导致疏漏。而自动化技术的引入，使得安全监控更加智能化、高效化。自动化技术通过集成传感器、摄像头等监测设备，实现了对供应链各环节的实时监控。这些设备能够持续不断地收集数据，并将数据传输到中央处理系统进行分析。通过数据分析，系统能够及时发现潜在的安全隐患，如货物损坏、温度异常、盗窃风险等，从而采取相应的措施进行预防或处理。在实时监控的基础上，自动化技术还能够实现自动化预警和响应。当系统检测到异常情况时，会自动触发预警机制，并及时向相关人员发送预警信息。系统还可以根据预设的自动化流程，自动采取相应的响应措施，如关闭危险设备、启动紧急预案等，以减少潜在风险对供应链的影响。自动化技术通过高精度的传感器和摄像头等设备，能够实现对供应链各环节的精确监控。这些设备能够捕捉到传统监控方式难以察觉的细节信息，如货物的微小损坏、设备的异常振动等。这些信息对于提高供应链安全至关重要，能够帮助企业及时发现并处理潜在的安全隐患。传统的人工巡检方式需要大量的人力资源投入，而自动化技术则能够实现对供应链各环节的自动化监控。这不仅能够降低人力成本，还能够减少人为因素导致的疏漏和错误。自动化技术还能够实现 24 小时不间断监控，确保供应链安全得到全天候的保障。自动化技术的应用还能够促进供应链各环节之间的协同工作。通过实时共享监控数据和预警信息，供应链各环节之间可以更加紧密地协作，共同应对潜在的安全风险。这种协同作战的方式能够提高整个供应链的安全性和稳定性。自动化技术在供应链安全管理中的应用极大地提高了安全监控的效率。通过实时监控、自动化预警与响应、提高监控准确性、降低人力成本以及促进供应链协同等方面的贡献，自动化技术为供应链安全提供了强有力的保障。

（二）增强风险防控能力

在供应链管理中，风险防控是确保供应链稳定运行的关键。自动化技术的引入和应用，通过数据分析和预警系统，显著增强了企业识别和防控潜在风险的能力，为供应链安全提供了坚实的保障。自动化技术通过实时收集和分析供应链各环节的数据，能够及时发现潜在的风险因素。这些数据可能包括物流信息、库存状态、设备运行状态、环境参数等。通过数据挖掘和模式识别技术，系统能够自动识别异常数据，并对其进行深入分析，从而准确识别出潜在的风险点。在识别出潜在风险后，自动化技术能够构建高效的预警系统。预警系统能够根据风险级别和紧迫性，自动触发相应的预警机制，并向相关人员发送预警信息。这些信息可以包括风险类型、发生位置、可能的影响范围等详细信息，帮助企业快速响应并采取相应措施。除了预警系统外，自动化技术还能够实现自动化响应和处置。一旦预警系统发出警报，自动化技术就可以迅速启动预设的响应流程，自动执行相应的处置措施。例如，在发现火灾隐患时，自动化技术可以自动关闭相关设备或系统，并启动灭火系统，通知消防部门进行处理。这种自动化响应和处置的方式能够极大地减少人工干预的延迟和错误，提高风险防控的效率和准确性。自动化技术在风险防控中的应用还能够实现持续改进和优化。通过对历史数据的分析和总结，企业可以了解不同风险类型的分布规律和影响程度，从而优化预警系统的设置和响应流程。此外，自动化技术还可以根据实时数据和反馈信息，不断调整和优化风险防控策略，以适应供应链环境的变化。自动化技术的应用不仅提高了企业的风险防控能力，还通过实时数据展示和预警信息提示，增强了员工的风险意识。员工可以更加直观地了解供应链中的潜在风险，并在日常工作中更加注意风险防范和应对。这种全员参与的风险防控模式能够进一步提高供应链的安全性。自动化技术在供应链安全管理中的应用显著增强了企业的风险防控能力。通过数据分析和预警系统，自动化技术能够帮助企业更好地识别和防控潜在风险，保障供应链的稳定运行。自动化技术的应用还促进了持续改进和优化，增强了员工的风险意识，为供应链安全提供了全方位的保障。

（三）优化应急响应机制

在供应链安全管理中，应急响应机制是确保在发生安全事件时能够迅速、有效地进行处置和恢复的关键。自动化技术的引入和应用，以其快速响应和高效处置的能力，显著优化了应急响应机制，有效缩短了应急响应时间，降低了安全事故造成的损失。自动化技术通过实时监控和数据分析，能够在第一时间发现潜在的安全威胁或已经发生的安全事件。一旦检测到异常情况，自动化技术能够立即触发预警系统，并向相关人员发送详细的预警信息。这种快速响应能力使得企业能够在最短的时间内对安全事件做出反应，避免了因延误而导致的损失扩大。除了快速响应外，自动化技术还具备高效处置的能力。在发生安全事件时，自动化技术可以根据预设的应急处理流程，自动执行相应的处置措施。例如，在火灾事故中，自动化技术可以自动关闭相关设备、启动灭火系统，并立即通知消防部门进行处理。这种高效处置能力不仅减少了人工干预的延迟和错误，还提高了处置的效率和准确性。自动化技术的应用还实现了实时信息共享，在应急响应过程中，各相关部门和人员可以通过自动化系统实时获取最新的安全信息和处置进展。这种实时信息共享有助于各方协同作战，共同应对安全事件。自动化系统还可以根据实时数据和反馈信息，不断调整和优化应急响应策略，以适应不断变化的安全形势。自动化技术在应急响应过程中还能够实现自动化记录和报告。通过自动记录安全事件的详细信息、处置过程和结果等数据，企业可以方便地进行事后分析和总结。这种自动化记录和报告不仅提高了数据分析的效率和准确性，还为企业的持续改进和优化提供了有力支持。自动化技术的应用促进了应急响应机制的持续改进和优化。通过对历史数据和反馈信息的分析，企业可以了解应急响应机制的有效性和不足之处，并采取相应的措施进行改进和优化。这种持续改进和优化的过程有助于企业不断完善应急响应机制，提高供应链的安全性和稳定性。自动化技术在供应链安全管理中的应用显著优化了应急响应机制。通过快速响应、高效处置、实时信息共享、自动化记录和报告以及持续改进与优化等方面的贡献，自动化技术为企业在发生安全事件时提供了更加迅速、有效的应对手段，降低了安全事故造成的损失。

风险评估与应急响应

供应链中存在多种潜在风险，如自然灾害、政治不稳定、供应商破产等。通过风险评估，企业可以及时发现并识别这些风险，为制定有效的应对措施提供依据。风险评估不仅可以帮助企业识别风险，还可以量化风险对企业运营的影响程度。这有助于企业更准确地评估风险带来的潜在损失，从而制定更加合理的风险管理策略。通过有效的风险评估，企业可以提前预防潜在问题，减少不可预见的损失，提高供应链的稳定性和效率，这将有助于企业在激烈的市场竞争中始终保持领先地位。

一、风险评估的基本概念与方法

（一）风险评估的定义与目的

风险评估是指通过系统地识别、分析和评估供应链中潜在的各种风险，从而为企业决策提供支持，以实现对风险的有效管理和控制。风险评估的目的在于帮助企业明确供应链中可能面临的风险，量化风险的影响程度，并为制定风险应对策略提供科学依据，以确保供应链的持续稳定运行。在供应链风险评估中，需要对潜在的风险进行识别，包括了解供应链的结构、运作模式和关键节点，识别出可能影响供应链正常运行的各种风险因素，如自然灾害、政治不稳定、供应商问题、物流延误等。通过风险识别，企业可以建立一个全面的风险清单，为后续的风险分析和评估奠定基础。评估包括两个方面：一是分析风险发生的可能性，即风险发生的概率；二是评估风险对企业运营的影响程度，即风险带来的潜在损失。通过对风险可能性和影响程度的量化分析，企业可以对每个风险进行评级，明确哪些风险是需要重点关注和优先处理的。风险评估的目的不仅在于识别和分析风险，更重要的是为企业制定风险应对策略提供科学依据。根据风险评估的结果，企业可以制定相应的风险应对措施，如制定应急预案、优化供应商选择、加强物流管理等，以降低风险发生的概率和影响程度，确保供应链的持续稳定运行。由于供应链环境的不断变化和新的风险因素的出现，企业需要定期对供应链进行风险评估，以确保风险管理策略的及时性和有效性。通过持续的风险评估，企业可以不断优化风险管理策略，提高供应链的韧性和可靠性。风险评估是供应链安全管理中不可或缺的一环。通过系统地识别、分析和评估供应链中潜在的各种风险，企业可以制定有效的风险应对策略，以确保供应链的持续稳定运行，为企业的长期发展提供有力保障。

（二）风险识别与评估流程

风险识别与评估是风险评估过程中的两个核心步骤，它们共同构成了风险评估的基本流程。这一流程旨在帮助企业系统地理解、识别并评估供应链中可能存在的风险，以便为制定有效的风险管理策略提供科学依据。需要明确风险评估的具体范围，这可能包括整个供应链或其中的特定环节，如采购、生产、物流等。确定评估的目标，如识别关键风险点、评估潜在损失等。通过查阅文献、市场调研、与供应商沟通等方式，收集与供应链相关的数据和信息。这些数据可能包括历史风险事件、市场动态、供应商的经营状况等。基于收集到的数据和信息，再进行初步的风险筛查，列出可能存在的风险因素。这些风险因素可能涉及供应链中的各个环节，如供应商的稳定性、物流的可靠性、市场需求的变化等。经过初步筛查后，整理并制定出详细的风险清单，明确列出所有识别出的风险因素。根据企业的实际情况和风险管理的需求，确定风险评估的标准。这些标准可能包括风险发生的可能性、影响的严重程度、可控性等。针对风险清单中的每个风险因素，分析其发生的可能性和对企业运营的影响程度。这需要利用历史数据、专家判断或模拟测试等方法。根据分析的结果，对每个风险因素进行评级，并按照其重要性和紧急性进行排序。这有助于企业明确哪些风险是需要优先关注和处理的。基于风险评估的结果，制定相应的风险应对策略，这些策略可能包括风险规避、风险降低、风险转移等。在整个风险识别与评估流程中，企业需要始终保持客观、全面的态度，确保识别出所有可能的风险因素，并对其进行准确的评估。由于供应链环境的不断变化，企业还需要定期重复这一流程，以确保风险管理策略的时效性和有效性。风险识别与评估流程是企业可以系统地识别并评估供应链中的风险，为制定有效的风险管理策略提供科学依据。

（三）风险评估工具与技术

FMEA 是一种广泛使用的风险评估工具，它通过识别系统中潜在的故障模式，分析这些故障模式对系统性能产生的影响，并评估其发生的可能性。在供应链风险评估中，FMEA 可以帮助企业识别出供应链中可能出现的故障，并评估其对供应链整体性能的影响，从而制定有针对性的风险应对策略。风险矩阵（Risk Matrix）是一种直观的风险评估工具，它通过建立一个二维表格来评估风险的可能性和影响程度。在表格中，横轴表示风险发生的可能性，纵轴表示风险的影响程度。通过将每个风险因素放置在矩阵中的相应位置，企业可以快速地了解每个风险的重要性和紧急性，从而制定优先级排序的风险管理策略。蒙特卡罗模拟（Monte Carlo Simulation）是一种基于概率统计的风险评估技术，它通过模拟随机变量的变化来评估风险的影响。在供应链风险评估中，蒙特卡罗模拟可以帮助企业模拟供应链中各种可能的情况，并评估这些情况对供应链性能产生的影响。通过多次模拟和统计分析，企业可以了解供应链在不同情况下的表现，并制定相应的风险管理策略。敏感性分析（Sensitivity Analysis）是一种评估模型参数变化对输出结果影响程度的技术。在供应链风险评估中，敏感性分析可以帮助企业了解供应链中哪些因素的变化对供应链性能的影响最大，从而确定需要重点关注和管理的风险因素。通过敏感性分析，企业可以更加精准地制定风险管理策略，提高供应链的稳定性和可靠性。随着技术的不断发展，越来越多的自动化风险评估工具被开发出来，如基于人工智能和大数据的风险评估系统。这些工具可以自动收集和分析供应链数据，识别潜在的风险因素，并生成风险评估报告。使用自动化风险评估工具可以大大提高风险评估的效率和准确性，减少人为错误和主观判断的影响。需要注意的是，不同的风险评估工具和技术适用于不同的场景和目的。企业应根据自身的实际情况和需求选择合适的工具和技术进行风险评估。由于供应链环境的复杂性和不确定性，企业还需要定期更新和调整风险评估工具和技术，以确保其适应供应链环境的变化和发展。

二、供应链风险的识别与评估

（一）供应链风险的类型与来源

在供应链管理中，风险的识别与评估是确保供应链稳定性和安全性的关键步骤。为了有效地进行风险评估，需要明确供应链风险的类型与来源。自然灾害包括地震、洪水、飓风等不可预测的自然现象，这些灾害可能导致生产中断、物流受阻等，会对供应链造成严重影响。政治不稳定、政策变动、贸易壁垒、法律纠纷等都可能对供应链产生不利影响，如贸易战可能导致关税增加，进而影响商品的进口和出口。经济风险包括货币波动、通货膨胀、经济衰退等宏观经济因素，这些因素可能影响消费者的购买力，导致市场需求下降。社会与文化风险包括文化差异、社会动荡、劳工问题等，可能对供应链产生影响，如劳工罢工可能导致生产停滞。供应链合作伙伴风险包括供应商、物流商等供应链合作伙伴的不稳定、质量问题或经营失败都可能导致供应链中断，供应链合作伙伴的信誉和道德风险也需要关注。运营风险包括生产过程中的设备故障、工艺问题、质量控制问题等。这些问题都可能导致产品质量下降，影响客户满意度。物流与仓储风险包括物流延误、运输事故、仓储设施损坏等都可能导致供应链中断或成本增加。信息风险包括信息安全、数据泄露、系统崩溃等，信息风险可能导致供应链信息失真，影响决策的准确性。新技术风险包括随着技术的不断发展，新技术的应用可能带来未知的风险。机器人技术、人工智能等新技术在供应链中的应用可能面临技术成熟度、数据安全等问题。技术过时风险包括旧技术的淘汰可能导致设备过时、生产效率下降等问题，企业需要关注技术发展趋势，及时更新技术设备。技术兼容性风险包括不同系统或设备之间的技术兼容性问题可能导致数据无法共享、流程无法衔接等问题。企业需要确保供应链中各环节的技术兼容性。了解供应链风险的类型与来源有助于企业更全面地识别潜在风险，为制定有效的风险管理策略提供基础。在识别风险时，企业需要结合自身的实际情况和供应链特点，关注可能对自身产生重大影响的风险因素。

（二）风险评估模型与指标体系

在供应链风险管理中，风险评估模型与指标体系是量化分析供应链风险的主要工具，它们能够帮助企业系统地识别、评估和监控潜在风险，以便及时制定应对策略。故障树分析（Fault Tree Analysis，FTA）是一种基于逻辑关系的图形化风险评估模型。它通过构建一棵以特定的事件（如供应链中断）为根，中间事件和底事件（各种风险因素）为枝的树状图，来展示风险事件的逻辑关系和传递路径。这种方法有助于企业识别出导致供应链中断的关键风险因素，并制定相应的预防措施。风险矩阵（Risk Matrix）是一种直观的风险评估模型，可以通过构建一个二维表格来评估风险的可能性和影响程度。横轴代表风险发生的可能性，纵轴代表风险的影响程度。根据风险因素在矩阵中的位置，可以将其分为低、中、高不同等级的风险，从而帮助企业优先关注和管理高风险因素。模糊综合评价法（Fuzzy Comprehensive Evaluation，FCE）是一种基于模糊数学的风险评估模型。它通过将风险因素的模糊性量化处理，利用模糊集合和模糊关系等数学工具进行综合评价。这种方法能够更准确地描述风险因素的不确定性和模糊性，且提高风险评估的准确性。财务指标体系包括成本、利润、现金流等财务指标，用于评估供应链风险对企业财务状况的影响。供应链中断可能导致成本增加、利润下降和现金流紧张等问题。运营指标体系包括生产效率、订单满足率、交货时间等运营指标，用于评估供应链风险对企业运营绩效的影响。供应商的不稳定可能导致生产中断和交货延误等问题。信息指标体系包括信息安全、数据质量、系统稳定性等信息指标，用于评估供应链风险对企业信息系统的影响。信息安全漏洞可能导致数据泄露和系统崩溃等问题。可持续性指标体系包括环境、社会和经济可持续性指标，用于评估供应链风险对企业可持续发展能力的影响。环境风险可能导致企业面临环保法规的惩罚和声誉损失等问题。在构建风险评估指标体系时，企业需要根据自身的实际情况和供应链特点，选择适合的指标进行量化评估。还需要注意指标之间的相关性和权重分配问题，以确保评估结果的准确性和有效性。通过构建合理的风险评估模型与指标体系，企业可以更加系统地识别、评估和监控供应链风险，为制定有效的风险管理策略提供科学依据。

三、应急响应机制与流程

（一）应急响应的定义与目标

应急响应是指在发生突发事件或危机时，组织或机构为了迅速、有效地控制事态发展，减少损失，保障人员和资产安全而采取的一系列紧急行动和措施。在供应链安全与机器人技术的背景下，应急响应特指当供应链中发生安全事件或机器人技术出现故障时，企业所采取的紧急应对措施。应急响应不仅涉及技术层面的处理，还包括组织、协调、沟通等多个方面。一个完善的应急响应机制需要企业具备快速识别风险、准确评估影响、及时作出决策、迅速采取行动的能力。

应急响应的最终目标是最小化损失，应急响应的首要目标是尽快控制事态发展，防止损失进一步扩大，包括但不限于减少物资损失、降低生产成本、保障员工安全等。恢复正常运营，在控制事态后，应急响应需要尽快恢复供应链的正常运行，包括修复故障设备、替换受损部件、调整生产计划等。保障供应链稳定，通过应急响应措施，企业需要确保供应链的稳定性和可靠性，这要求企业在应对突发事件时能够迅速恢复供应链的正常运作，并防止类似事件再次发生。提高应对能力，应急响应不仅是为了解决当前问题，还需要总结经验教训，提高企业对未来风险的应对能力，包括完善应急预案、加强员工培训、提高技术水平等。维护企业声誉，在发生突发事件时，企业的应急响应措施将直接影响公众对企业的看法和信任度，而一个快速、有效的应急响应机制则有助于维护企业的声誉和形象。

企业需要制定明确的应急预案，明确各种突发事件的处理流程和责任人。这有助于企业在危机发生时迅速作出反应，减少混乱和延误。应急响应需要企业内部各部门之间以及企业与外部利益相关者之间的高效沟通。通过及时传递信息、协调资源、共享经验，企业可以更好地应对危机。企业应组建专业的应急团队，负责处理突发事件和危机。团队成员需要具备丰富的经验和专业技能，能够迅速识别风险、制订应对方案并采取行动。在应急响应中，先进的技术支持将发挥重要作用。例如，企业可以利用物联网技术实时监控供应链状态，利用大数据分析预测潜在风险，利用机器人技术快速恢复生产等。企业需要定期组织应急培训和演练，以增强员工的应急意识和应对能力。通过模拟真实场景下的应急处理过程，企业可以发现潜在问题并不断完善应急预案。

（二）应急响应计划的制订与实施

在制订应急响应计划时，企业需要考虑多个方面，以确保计划的全面性、可行性和有效性。企业需要对供应链中可能面临的风险进行识别和评估，包括技术风险（如机器人故障）、运营风险（如供应商问题）、自然风险（如地震、洪水等）以及其他可能影响供应链稳定性的风险因素。风险识别应基于历史数据、行业趋势、专家意见以及企业内部分析等多方面信息。根据风险评估的结果，企业需要明确应急响应的目标，包括最小化损失、恢复正常运营、保障供应链稳定、提高应对能力以及维护企业声誉等。根据风险类型和应急响应目标，企业需要制定相应的应急响应策略，包括预防措施、缓解措施、恢复措施以及应急沟通策略等。预防措施旨在降低风险发生的可能性，如加强设备维护、优化供应链布局等。缓解措施用于在风险发生时减轻其影响，如启用备用设备、调整生产计划等。恢复措施则关注于在风险发生后尽快恢复供应链的正常运行。应急沟通策略则涉及在危机发生时如何与内部员工、外部利益相关者以及公众进行有效沟通。将上述策略转化为具体的行动计划，并编写成应急响应计划文档。计划应明确列出各种风险场景下的应对措施、责任人、资源需求以及执行时间等关键信息。计划文档应易于理解和操作，并定期进行更新和修订以反映企业实际情况的变化。在完成应急响应计划后，企业应组织相关部门和专家对计划进行评审和批准。评审应关注计划的全面性、可行性和有效性等方面。根据评审结果对计划进行必要的修改和完善，并最终获得企业管理层的批准。在应急响应计划制订完成后，企业需要确保其得到有效实施。企业应定期组织应急响应培训和教育活动，增强员工的应急意识和应对能力。培训内容包括但不限于应急响应流程、应对措施、安全操作规范等。通过培训，员工能够了解自己在应急响应中的角色和责任，并熟悉相关操作流程和工具。企业应定期组织模拟演练来测试应急响应计划的有效性和可行性。演练可以模拟各种风险场景下的应急响应过程，包括预警、响应、处置和恢复等各个环节。通过模拟演练，企业可以发现潜在问题并不断完善应急响应计划，提高应对突发事件的能力。

当实际发生突发事件时，企业应迅速启动应急响应计划，包括启动预警系统、通知相关人员、启动应对措施以及进行应急沟通等。在应急响应过程中，企业应密切关注事态发展并根据实际情况调整应对措施以确保达到预期的应急响应目标。在应急响应结束后，企业应对整个过程进行评估和总结。评估内容包括应急响应的有效性、存在的问题以及改进建议等。通过评估和总结，企业可以不断优化应急响应计划并提高应对突发事件的能力，企业还可以将经验教训分享给其他组织或行业以促进共同进步和发展。

四、机器人与应急响应的集成

（一）机器人在应急响应中的角色与功能

在供应链中，应急响应是确保业务连续性、减少潜在损失并维护品牌形象的关键环节。随着机器人技术的不断成熟和智能化水平的提高，机器人在应急响应中的角色愈加重要，其功能也日益多样化。在紧急情况下，机器人可以迅速部署到事故现场，并通过搭载的传感器和摄像头等设备，实时收集现场数据，包括环境参数、人员分布、物资状况等。这些数据对于后续的决策制定和救援行动至关重要。对于可能存在有毒气体、爆炸物或其他危险因素的区域，机器人可以代替人工进行探测。它们可以通过远程操控或自主导航的方式，进入危险区域，获取关键信息，并将这些信息及时回传给指挥中心。在灾后救援中，物资运输与配送是至关重要的一环。机器人可以承担部分或全部的物资运输任务，特别是在道路受损、交通中断的情况下，机器人的越野能力和自主导航能力能够确保物资及时送达灾区。一些先进的机器人已经具备了搜救与救援功能，它们可以通过搭载的热成像仪、生命探测仪等设备，搜索被困人员，并通过机械臂等装置进行简单的救援操作。在某些特殊情况下，如深海救援、高空救援等，机器人甚至能够发挥出比人工更高的效率和安全性。机器人收集的数据可以通过分析软件进行处理和分析，从而为指挥中心的决策提供有力支持。一些高级别的机器人还可以与指挥中心进行实时通信，接受指挥中心的指令，并根据指令进行相应的操作。在灾后恢复与重建阶段，机器人同样可以发挥重要作用。它们可以协助清理废墟、修复基础设施、监测环境变化等，加速灾后恢复进程。在应急响应结束后，机器人还可以用于持续地监控和预警工作。通过长期部署在关键区域或敏感地带，机器人可以实时监测环境变化和潜在风险，一旦发现异常情况，就可以立即发出预警信号，为预防类似事件的再次发生提供有力保障。通过充分利用机器人的各项功能和技术优势，可以更加高效、安全地应对各种突发事件，确保供应链的稳定性和可持续性。

（二）机器人与应急响应系统的联动

在供应链安全与应急响应的领域中，机器人不是一个独立的工具或设备，而是需要与整个应急响应系统紧密联动，形成一个高效、协同的工作网络。机器人与应急响应系统的联动，能够极大地提高应急响应的效率和准确性，为供应链的安全稳定提供有力保障。机器人与应急响应系统之间的实时信息共享是联动的基础。通过无线通信技术，机器人能够将其收集到的现场数据、图像、视频等信息实时传输给应急响应系统。应急响应系统也能将最新的指令、决策等信息迅速传达给机器人，确保双方的信息同步和一致。在应急响应过程中，机器人与应急响应系统需要共同进行决策。通过数据分析、模型预测等技术手段，应急响应系统能够对机器人收集到的信息进行处理和分析，为决策提供科学依据。机器人也能够根据自身的感知和判断，为应急响应系统提供有价值的参考意见。这种协同决策的方式能够确保决策的科学性和准确性，同时提高应急响应的效率和效果。在紧急情况下，机器人可以根据预设的程序和算法，自动执行一些应急响应任务。例如，在火灾现场，机器人可以自动进行灭火、搜救等操作；在危险品泄漏事故中，机器人可以自动进行泄漏源的定位、隔离等操作。这种自动化响应的方式能够减轻人员的负担，提高应急响应的速度和效率。在某些情况下，机器人可能无法完全自主完成应急响应任务，而需要人工进行远程操控和指挥。此时，应急响应系统可以通过远程通信技术，与机器人建立稳定的连接，实现对机器人的远程操控和指挥。这种方式能够确保在人员无法到达现场的情况下，仍然能够进行有效的应急响应。在应急响应结束后，机器人与应急响应系统还需要进行后期评估与优化。通过对本次应急响应过程中机器人和系统的表现进行分析和总结，可以发现存在的问题，并提出相应的改进措施和优化建议。这种后期评估与优化的方式能够不断完善机器人与应急响应系统的联动机制，提高其在未来应急响应中的表现。通过实时信息共享、协同决策、自动化响应、远程操控与指挥以及后期评估与优化等方式，机器人与应急响应系统能够形成一个高效、协同的工作网络，为供应链的应急响应提供有力支持。

第八章

供应链与机器人的未来

从仓储管理到物流配送，从生产制造到客户服务，机器人的应用正在逐步改变供应链的各个环节。它们通过提高生产效率、降低运营成本、优化资源配置等方式，为企业创造了巨大的价值。机器人技术快速发展的同时也带来了一系列的问题和挑战。如何确保机器人的安全性、可靠性和稳定性？如何保障数据的隐私和安全？如何平衡机器人技术带来的便利与潜在的风险？这些问题都需要深入思考和解决。在未来的供应链中，机器人技术将继续发挥重要作用。随着人工智能、物联网、云计算等技术的不断发展，机器人将会变得更加智能化、自主化，能够更好地适应复杂多变的环境和任务需求。

机器人技术的趋势与挑战

在供应链这一庞大而复杂的体系中，机器人技术正以其独特的优势，为各个环节带来前所未有的重大变革。从简单的机械臂到高度智能化的自主机器人，技术的进步不仅提升了机器人的功能性和效率，还拓宽了其在供应链中的应用范围。机器人技术也面临着诸多挑战，如技术成熟度、成本效益、安全性和伦理道德等问题。在供应链中，机器人技术的应用正逐渐从单一环节扩展到整个链条。它们不仅能够在仓储、物流、制造等环节中发挥重要作用，还能够通过数据分析和智能决策，为供应链的优化提供有力支持。如何更好地集成和应用机器人技术，以实现供应链的高效、安全和可持续发展，仍是需要深入探讨的问题。随着人工智能、物联网、云计算等技术的不断发展，机器人技术正朝着更加智能化、自主化的方向发展。这将为供应链带来更加高效、灵活的解决方案，但同时需要面对更加复杂的技术挑战和伦理道德问题。

一、机器人技术的最新发展

（一）自主导航与感知技术的进步

自主导航技术是实现机器人独立运行和高效完成任务的关键。近年来，随着深度学习、计算机视觉和传感器技术的飞速发展，自主导航技术取得了显著突破。深度学习技术使得机器人能够通过大量数据的训练，学习到复杂的导航规则和决策策略。这使得机器人在面对复杂环境时，能够自主规划路径、避开障碍物，并高效完成任务。机器人通常配备有多种传感器，如激光雷达、摄像头、超声波传感器等。多传感器融合技术能够将来自不同传感器的数据进行融合处理，提高机器人对环境的感知能力和定位精度。这使得机器人在复杂环境中能够更准确地判断自身位置和周围环境，从而作出更合理的导航决策。SLAM 技术允许机器人在未知环境中，通过传感器数据进行实时定位，同时构建出环境地图。这为机器人在仓库、工厂等复杂环境中进行自主导航提供了有力支持。随着计算能力的提升和算法的优化，机器人路径规划技术也在不断进步。现代机器人能够根据任务需求和环境变化，实时规划出最优路径，并在运行过程中进行动态调整，这大大提高了机器人的工作效率和安全性。

感知技术是实现机器人与环境交互的基础。随着传感器技术和计算机视觉技术的不断发展，机器人的感知能力也在不断提高。现代机器人通常配备有高精度传感器，如高分辨率摄像头、深度相机、激光雷达等。这些传感器能够提供丰富的环境信息，使机器人能够更准确地感知周围环境。计算机视觉技术使得机器人能够像人类一样"看"到周围环境。通过图像识别、目标跟踪等技术，机器人能够识别出物体、人脸等特征，并进行相应的操作。这为机器人在物流、仓储等领域的应用提供了更多可能性。随着自然语言处理和语音识别技术的发展，机器人已经能够与人类进行自然交互。这使得机器人能够更直观地理解人类指令和需求，并据此进行相应操作。这为机器人在客户服务、智能家居等领域的应用提供了有力支持。自主导航与感知技术的进步也为机器人技术带来了革命性的变化。这些技术的不断发展将推动机器人在供应链领域的应用更加广泛和深入，也需要关注这些技术带来的挑战和问题，如数据隐私、安全性等，以确保机器人技术的健康发展。

（二）人工智能与机器人技术的融合

随着科技的飞速发展，人工智能（AI）与机器人技术的融合已成为行业内的热点话题。这种融合不仅提高了机器人的智能化水平，还极大地拓展了其应用范围和功能。传统机器人更依赖于预设的程序和固定的指令来执行任务，而融合了 AI 的机器人则具备更强的感知和认知能力。它们能够通过传感器实时获取环境信息，并利用深度学习、神经网络等算法进行数据处理和分析，从而实现对环境的自适应和智能决策。这种能力使得机器人在供应链中能够更加灵活地应对各种复杂场景，提高工作效率和准确性。通过不断地与环境进行交互和试错，机器人能够逐渐优化自身的行为策略，以适应不断变化的工作需求。这种自我优化的能力使得机器人在供应链中能够持续进步，不断提升自身的工作性能和适应能力。在供应链中，机器人通常需要与其他机器人或人类员工进行协作。融合了 AI 的机器人能够通过自然语言处理、语音识别等技术实现与人类员工的智能沟通，从而更好地理解人类的指令和需求。它们还能够与其他机器人进行协同工作，共同完成任务。这种智能协作能力大大提高了供应链的整体运行效率。但随着 AI 与机器人技术的融合，数据安全和隐私保护问题也日益凸显。机器人需要处理大量的数据以支持其智能决策和行为优化，而这些数据包含敏感信息，如何确保数据的安全性和隐私性成为亟待解决的问题。未来，随着技术的不断进步和法律法规的完善，这一问题有望得到更好的解决。

虽然 AI 与机器人技术的融合为供应链带来了诸多优势，但其高昂的成本和技术门槛也限制了其普及和应用。未来，随着技术的不断成熟和成本的降低，这些先进的机器人技术有望更加广泛地应用于供应链中，为企业带来更多的价值。人工智能与机器人技术的融合为供应链带来了革命性的变革。通过提高机器人的感知、认知、学习和协作能力，它们能够更好地适应复杂多变的工作环境，提高供应链的整体运行效率，也应关注到这一过程中可能出现的问题和挑战，并积极寻求解决方案以推动技术的健康发展。

（三）机器人硬件与软件的革新

机器人硬件与软件的革新是机器人技术发展的重要驱动力。随着科技的进步，机器人不仅在机械结构上变得更加先进，其软件系统也变得更加智能化和灵活。现代机器人硬件开始采用轻质、高强度的材料，如碳纤维和合金，以提高机器人的负载能力和耐久性。这些材料的应用不仅减轻了机器人的重量，还提高了其运动性能和精度。电动驱动、液压驱动和气压驱动等多种驱动技术被应用于机器人中，以满足不同场景下的需求。例如，在需要高精度操作的场景中，电动驱动技术能够提供更为精确和稳定的动力输出。现代机器人配备了各种传感器,如视觉传感器、力觉传感器和触觉传感器等,以获取环境信息并作出相应的反应。这些传感器的集成使得机器人能够更加智能地感知周围环境,并作出更为准确的决策。机器人的操作系统开始变得更加智能化和灵活。这些操作系统能够支持多任务处理、实时响应和自主学习等功能,使机器人能够更好地适应复杂多变的工作环境。深度学习、强化学习和自然语言处理等人工智能算法都被广泛应用于机器人软件中,以提高机器人的智能水平和自主决策能力。这些算法的应用使得机器人能够自主处理大量数据,并根据数据进行自我优化和改进。随着软件技术的发展,机器人软件开始实现模块化设计和可定制性。这意味着用户可以根据自己的需求定制机器人的功能和性能,从而满足不同应用场景下的需求。随着机器人硬件与软件的革新,软硬件融合的趋势也越来越明显。硬件为软件提供了更强大的支持和保障,而软件则赋予了硬件更多的智能和功能。这种融合使得机器人能够更好地适应供应链中的各种场景和需求,提高供应链的效率和灵活性。机器人硬件与软件的革新为机器人技术的发展提供了强大的支持,随着这些革新的不断推进,未来机器人在供应链中的应用将更加广泛和深入。

二、机器人技术在供应链中的趋势

(一)自动化与智能化水平的持续提升

在生产环节中,机器人已经能够承担大量的重复性和高精度的工作。通过编程和预设,机器人可以自动完成装配、焊接、检测等任务,大大提高了生产效率。机器人的高精度操作也保证了产品质量的稳定性和一致性。在物流仓储环节,自动化机器人如 AGV(自动导引车)、无人叉车等已经得到了广泛应用。这些机器人能够自动完成货物的搬运、分拣、堆垛等任务,减少了人力成本,提高了仓储效率。通过智能调度系统,机器人可以实现实时协同作业,并进一步提高物流效率。随着物联网、大数据等技术的发展,机器人还能够自动处理供应链中的信息。通过 RFID(无线射频识别)技术,机器人可以自动识别货物的信息并上传至云端,实现信息的实时共享和追溯。此外,机器人还可以根据预设的规则和算法自动处理订单、计划排程等任务，提高了供应链的信息处理效率和准确性。在自动化水平提升的同时，机器人技术在供应链中的智能化水平也在不断提高。

通过集成人工智能算法和机器学习技术，机器人能够具备一定的智能决策能力。它们可以根据历史数据和实时信息进行分析和预测，为供应链管理者提供决策支持。例如，在库存管理中，机器人可以根据销售数据和库存水平自动调整补货计划，降低库存成本并提高客户满意度。现代机器人还具备了一定的自适应能力，它们能够根据不同的工作环境和任务需求进行自我调整和优化。例如，在搬运过程中遇到障碍物时，机器人可以自动规划新的路径以绕过障碍物；在面临新的任务时，机器人可以通过学习算法进行自我学习和优化以提高工作效率。未来机器人将与人类员工共同工作，相互协作以完成各种任务。在这种模式下，机器人将承担更多的重复性和高精度的工作，而人类员工则可以专注于更具创造性和决策性的工作。通过人机协同，供应链将实现更高的效率和更好的灵活性。

（二）机器人与人的协作模式创新

在过去，机器人被视为替代人类劳动力的工具，但在未来的供应链中，机器人将更多地与人类员工形成紧密的协作关系。机器人和人类员工在供应链中各自拥有独特的优势和专长。机器人擅长执行重复性、高精度和高强度的任务，而人类员工则擅长处理复杂的信息、进行决策和创新性思考。未来的供应链将充分利用两者的优势，实现互补性协作。例如，在仓库管理中，机器人可以负责货物的搬运和分拣，而人类员工则负责监控和协调机器人的工作，确保整个流程的顺畅进行。随着机器人技术的智能化水平不断提高，机器人将能够更深入地理解人类员工的需求和意图，实现更加紧密的协同作业。例如，在生产线上，机器人可以根据人类员工的操作习惯和节奏自动调整自己的速度和位置，以便更好地配合人类员工完成生产任务。此外，机器人还可以通过传感器和摄像头等设备实时感知人类员工的状态和位置，确保在紧急情况下能够迅速做出反应。

未来的机器人将具备更强的学习和适应能力，能够不断地从人类员工身上学习新的技能和知识。这种学习能力将使机器人能够更好地适应供应链中的变化和挑战，同时为人类员工提供了更多的学习机会和成长空间。例如，在客户服务领域，机器人可以通过与人类员工的互动学习如何更好地与客户沟通、解决问题和提供个性化服务。虽然机器人无法完全替代人类员工的情感交流能力，但未来的机器人将能够在一定程度上模拟人类的情感反应，与人类员工建立更加紧密的情感联系。这种情感交流能力将使机器人更加人性化、易于接受和信任，从而提高供应链的协作效率和员工满意度。例如，在仓储领域，机器人可以通过语音和面部表情等方式与人类员工交流信息、确认指令和反馈状态，增强双方之间的沟通和理解。未来的机器人将具备更高的灵活性和可扩展性，能够适应不同规模和复杂度的供应链需求。这意味着企业可以根据自身的实际情况和需求选择适合的机器人类型和数量，构建符合自身特点的供应链协作模式。随着机器人技术的不断进步和供应链需求的不断变化，企业还可以轻松地调整和优化协作模式以适应新的挑战和机遇。机器人与人的协作模式创新将推动供应链向更高效、更灵活和更人性化的方向发展，从而为企业带来更多的竞争优势和价值。

（三）机器人在供应链全过程的集成

机器人在供应链全过程的集成意味着从原材料采购、生产制造、物流配送到最终客户服务的每一个环节，机器人都将扮演重要角色，实现自动化、智能化和高效化的运作。在原材料采购环节，机器人可以通过自动化设备和系统，实现原材料的自动识别、分类、存储和配送。通过与供应商管理系统的集成，机器人可以实时跟踪原材料的库存情况、采购进度和交货时间，确保供应链的稳定性和连续性。在生产制造环节，机器人将广泛应用于生产线的各个环节，实现自动化生产和智能化控制。通过预设的程序和算法，机器人可以自动完成装配、焊接、检测等任务，提高生产效率和产品质量。机器人还可以与生产线上的其他设备和系统进行集成，实现数据的实时共享和协同作业，提高整个生产线的智能化水平。

在物流配送环节，机器人将承担更多的搬运、分拣、堆垛等任务。通过智能调度系统和传感器技术，机器人可以实时感知货物的位置、数量和状态，实现货物的自动配送和跟踪。此外，机器人还可以与运输车辆和无人机等设备进行集成，实现多式联运和快速配送，进一步提高物流效率和服务质量。通过自然语言处理技术和人工智能技术，机器人可以理解客户的需求和意图，提供个性化的服务和解决方案。机器人还可以与企业的其他系统进行集成，实现客户信息的实时共享和协同服务，提高客户满意度和忠诚度。

在供应链全过程的集成中，数据集成与分析是至关重要的一环。通过收集和分析供应链各个环节的数据，企业可以实时掌握供应链的运行情况和问题，为决策提供有力支持。机器人通过传感器和摄像头等设备实时感知和记录数据，并通过算法和模型对数据进行处理和分析，为企业的决策提供科学依据。机器人在供应链全过程的集成将推动供应链向更高效、更智能和更协同的方向发展。这种集成不仅提高了供应链的效率和灵活性，还为企业带来了更多的竞争优势和价值。但要实现机器人在供应链全过程的集成，则需要克服技术、人才、管理和法律等方面的挑战。

三、机器人技术面临的挑战

（一）技术与成本的平衡问题

在供应链中集成机器人技术，虽然可以显著提高效率、降低人力成本，并提高整体运作的智能化水平，但也伴随着高昂的技术成本和维护费用。这使得许多企业在考虑引入机器人技术时，需要仔细权衡其带来的效益与所需的投资。机器人技术的初期投入通常包括购买设备、安装调试、系统集成等方面的费用。对于许多中小企业而言，这些费用可能超出了企业的预算范围。如何在保证技术先进性时降低初期投入成本，是机器人技术面临的一个重要挑战。随着机器人技术的不断发展，企业需要不断更新和维护其机器人系统，以保持其竞争力和适应性。这意味着企业需要投入更多的资金和时间在机器人的升级和维护上。如何平衡技术更新与维护成本之间的关系，确保机器人系统的持续稳定运行，是机器人技术面临的另一个挑战。

机器人技术的应用还需要相应的人才支持。企业需要培训员工掌握机器人技术的相关知识和技能，以便更好地利用机器人系统。企业还需要招聘具备机器人技术专业技能的人才，以支持其机器人系统的运行和维护。这些人才培训和招聘成本也是企业在引入机器人技术时需要考虑的因素。在供应链中，不同企业之间的业务需求和流程可能存在差异。机器人系统需要具备一定的定制化能力，以适应不同企业的特殊需求，而定制化意味着更高的成本。如何在保证机器人系统满足企业需求的同时，实现标准化生产以降低成本，是机器人技术面临的一个难题。应通过技术创新和研发，降低机器人技术的成本和提高其性能。与供应商建立长期合作关系，获取更优惠的采购价格和更专业的技术支持。加强员工培训和人才引进工作，提高员工对机器人技术的掌握程度和应用能力。在定制化与标准化之间寻找平衡点，通过模块化设计和标准化接口等方式实现快速部署和低成本维护。

（二）机器人伦理与法规的完善

随着机器人越来越多地参与到供应链的各个环节中，从原材料采购到最终客户服务的全过程，机器人技术的伦理与法规问题逐渐凸显出来。这些问题不仅关乎机器人的合理使用和发展，也关系人类社会的安全和福祉。在供应链中，机器人可能会涉及隐私保护、数据安全、工作安全等多个方面的伦理问题。因此需要制定明确的机器人伦理标准，规范机器人的行为和使用，确保其在供应链中的运作符合道德和法律的要求。随着机器人技术的快速发展，现有的法律法规可能无法完全适应新的技术发展。为了保障公众利益和安全，需要加强对机器人技术的法规监管，包括制定专门的机器人法规，明确机器人的法律地位、权利和责任，以及规定机器人在供应链中的使用范围和标准。在供应链中，机器人与人类员工之间的关系日益密切。如何界定这种关系，确保机器人在为人类服务的同时不侵犯人类的权益和利益，是一个需要深入思考的问题。需要明确机器人在供应链中的角色和定位，以及人类与机器人之间的权利和义务关系。随着机器人自主性的提高，机器人在供应链中可能会面临一些自主决策的情况。这些决策可能会对人类产生重大影响，因此需要明确机器人在自主决策中的责任归属，也需要建立相应的责任追究机制，确保在机器人出现问题时能够追究相关责任人的责任。加强机器人伦理和法规的研究和制定工作，推动相关标准的建立和完善。加强对机器人技术的监管和管理，确保机器人在供应链中的合规使用。加强对人类与机器人关系的思考和研究，明确机器人在供应链中的角色和定位。建立机器人自主性和责任归属的明确机制，确保在机器人出现问题时能够追究相关责任人的责任。

（三）劳动力市场的适应与转型

机器人技术的引入意味着传统岗位的减少和新型岗位的增加。在供应链中，一些重复性强、劳动密集型的岗位可能会被机器人取代，如简单的装配、搬运和分拣等，这将导致一部分劳动力的失业或需要重新寻找工作。随着机器人技术的不断进步，也将产生更多与机器人技术相关的岗位，如机器人编程、维护和管理等。这些岗位对劳动力的技能要求更高，需要劳动力具备相应的技能和知识。随着机器人技术的广泛应用，对劳动力的技能要求也在不断提高。传统的体力劳动和简单操作将逐渐被机器人取代，而需要人类进行的工作则更加注重创新和创造力。劳动力需要不断提高自己的技能和知识水平，以适应这种变化；企业也需要加强对员工的培训和教育，帮助他们掌握新的技能和知识，以适应机器人技术带来的变革。机器人技术的广泛应用不仅影响了就业结构和技能要求，还对整个劳动力市场产生了深远的影响。一方面，机器人技术的应用使得劳动力市场的竞争更加激烈，那些无法适应变革的劳动力可能会面临失业的风险；另一方面，机器人技术的应用促进了劳动力市场的创新和升级，为劳动力提供了新的就业机会和发展空间。

加强政策引导和支持，推动劳动力市场的适应和转型。政府可以通过制定相关政策，鼓励企业加强技术创新和人才培养，提高劳动力的技能和素质。加强教育和培训，提高劳动力的适应性和竞争力。教育和培训机构可以针对机器人技术带来的变革，开设相关课程和培训项目，帮助劳动力掌握新的技能和知识。加强社会保障和福利制度建设，保障失业人员的基本生活。政府应当通过建立失业保障基金、提供再就业培训等措施，帮助失业人员渡过难关，重新融入社会。

四、应对策略与建议

（一）投资研发与人才培养

企业应加大对机器人技术的研发投入，持续推动技术创新。这包括机器人硬件的研发，如提高机器人的精度、速度和耐久性，也包括机器人软件的开发，如优化机器人的算法，提高其自主学习能力。通过技术创新，企业可以不断提升机器人的性能，更好地满足供应链的需求。企业可以积极寻求与高校、科研机构和其他企业的合作，共同研发机器人技术。跨界合作可以汇聚各方资源，加速技术创新的步伐。通过合作，企业还可以学习到其他领域的先进技术和管理经验，为自身的发展提供有力支持。随着人工智能、物联网、大数据等新兴技术的快速发展，机器人技术也面临着新的发展机遇。企业应密切关注这些新兴技术的发展趋势，探索将其与机器人技术相结合的可能性。通过融合新兴技术，企业可以开发出更加智能化、自动化的机器人，为供应链带来更多的价值。企业应建立完善的培训体系，为员工提供机器人技术的相关培训。培训内容可以包括机器人技术的基础知识、操作技能以及应用案例等。通过培训，员工可以更好地了解机器人技术，增强其应用能力和创新意识。企业还可以通过招聘、猎头等方式，积极引进具有机器人技术背景的优秀人才。这些人才可以为企业带来新的技术和管理经验，并推动企业在机器人技术领域的快速发展。企业应注重团队建设，打造一支具备机器人技术能力和协作精神的团队。通过团队建设，企业可以形成强大的凝聚力和战斗力，共同应对机器人技术带来的挑战。通过持续技术创新、跨界合作和关注新兴技术，企业可以不断提高机器人的性能和应用能力；通过建立培训体系、引进优秀人才和加强团队建设，企业可以培养出一支具备机器人技术能力和协作精神的团队，从而为企业的持续发展提供有力保障。

（二）制定行业规范与标准

在制定行业规范与标准时，需要明确机器人技术在供应链中的定位与边界。这包括确定哪些任务可以由机器人完成，哪些任务仍然需要人类的参与。通过明确这些边界，可以避免机器人技术的滥用和误用，确保其在供应链中发挥积极作用。技术性能与安全标准是确保机器人技术在供应链中稳定、可靠运行的关键。这些标准应涵盖机器人的精度、速度、耐久性、安全性等方面，确保机器人能够满足供应链的需求并保障人员安全。这些标准还应考虑到不同行业、不同应用场景的特殊性，并制定相应的具体要求。在机器人技术的应用过程中，数据管理与隐私保护是一个重要的问题。需要建立相应的数据管理与隐私保护规范，才能确保机器人的数据采集、存储、传输和使用符合相关法律法规的要求。这些规范应明确数据的所有权、使用权和保密义务，并采取相应的技术手段和管理措施，确保数据的安全性和隐私性。人机交互与操作规范是确保机器人与人类员工协同工作的关键。这些规范应明确机器人与人类员工的交互方式、操作界面、操作流程等，确保人类员工能够方便、安全地与机器人进行交互和操作。这些规范还应考虑到不同行业、不同应用场景的特殊性，制定相应的具体要求。为了确保机器人技术符合行业规范与标准的要求，还需要设立相应的行业认证与评估机制。这些机制可以包括产品认证、技术评估、安全检测等方面，确保机器人技术在性能、安全、可靠性等方面达到行业要求。通过认证与评估，可以提高机器人技术的可信度和竞争力，促进其在供应链中的广泛应用。制定行业规范与标准只是第一步，更重要的是将其推广和普及到整个行业。这就需要通过各种渠道和方式，如宣传、培训、交流等，向行业内外广泛宣传行业规范与标准的重要性和意义。还需要鼓励企业积极采用这些规范与标准，推动整个行业的健康发展。通过明确机器人技术的定位与边界、制定技术性能与安全标准、建立数据管理与隐私保护规范、制定人机交互与操作规范、设立行业认证与评估机制以及推广与普及行业规范与标准等措施，可以确保机器人技术在供应链中发挥积极作用并降低潜在风险。

（三）跨部门与跨行业的合作

不同部门和行业在机器人技术的研发、应用和管理方面各有专长。通过跨部门与跨行业的合作，可以实现资源的共享和技术的互补。例如，制造业部门可以分享其在机器人自动化生产线上的经验，而信息技术部门则可以提供先进的数据分析和人工智能技术，共同推动机器人技术在供应链中的深度应用。机器人技术在供应链中的应用面临着诸多挑战，如技术兼容性、数据安全、人机协同等。这些问题需要跨部门与跨行业的专家共同研究和解决。通过合作，可以集思广益，共同攻克技术难关，推动机器人技术的不断进步。由于不同部门和行业在机器人技术方面的知识储备和人才储备各不相同。通过合作，可以促进知识在不同部门和行业之间的转移，帮助各方更好地理解和掌握机器人技术。合作还可以为人才培养提供新的途径，如共同开展培训课程、组织实习项目等，培养更多具备跨领域知识和技能的机器人技术人才。跨部门与跨行业的合作还有助于推动行业标准的制定。通过共同研究和讨论，可以制定出更加符合实际需求、更加科学合理的行业标准，为机器人技术在供应链中的应用提供统一的技术规范和指导。这不仅有助于提高技术的兼容性和互操作性，还能降低企业的技术风险和投资成本。跨部门与跨行业的合作可以拓展机器人技术的应用场景和市场。通过与其他行业和部门的合作，可以发现更多潜在的应用场景和市场机会，为机器人技术的发展提供更广阔的空间。合作还可以促进不同行业之间的交流和合作，从而推动整个供应链向更加智能、高效的方向发展。通过共享资源与技术、共同应对技术挑战、促进知识转移与人才培养、推动行业标准的制定以及拓展应用场景与市场等措施，可以推动机器人技术在供应链中的广泛应用和持续发展。

跨国供应链的技术协作与创新

在全球化的今天，供应链已经不再是简单的线性结构，而是一个高度复杂、相互交织的网络。这个网络中的每个环节都需要高效的协作和精准的信息传递，以确保产品能够准时、准确地到达最终消费者手中。随着供应链复杂性的增加，传统的运作方式显然已经难以满足这种高效、精准的需求。这时，机器人技术凭借其高效、智能、自动化的特点，已成为解决这一问题的关键。在跨国供应链中，不同国家、地区之间的技术差异、文化差异、法律差异等因素都为机器人的应用带来了挑战。但是，正是这些挑战，也催生了技术协作与创新的强大动力。通过跨国合作，不同国家的企业、研究机构可以共享技术成果、交流经验、解决问题，从而推动机器人技术在供应链中的广泛应用。技术协作不仅促进了机器人技术的创新，也为跨国供应链带来了诸多好处。它提高了供应链的效率和准确性。通过引入机器人技术，企业可以实现自动化生产、智能仓储、无人配送等，大大减少了人力成本和错误率，也降低了供应链的风险。机器人技术可以实时监控供应链的各个环节，及时发现并解决问题，从而降低了因供应链中断而造成的损失。它还促进了供应链的可持续发展，机器人技术的应用可以减少能源消耗、降低排放、提高资源利用率等，有助于实现绿色、低碳的供应链。

一、跨国供应链中的技术现状

（一）跨国供应链的复杂性

跨国供应链涉及多个国家和地区，不同地区的政治、经济、法律环境差异巨大，这给供应链的管理和运作带来了极大的挑战。企业需要确保在多个国家和地区的生产、运输、仓储等环节都能够顺畅进行，并且需要考虑到时差、语言和文化差异等因素。跨国供应链通常包括原材料采购、生产制造、分销、零售等多个环节，这些环节之间需要紧密协作，以确保供应链的连续性和高效性。任何一个环节的延误或中断都可能对整个供应链造成重大影响。在跨国供应链中，由于信息来源的多样性和复杂性，企业难以获取全面、准确的信息。这种信息不对称可能导致决策失误、资源浪费和效率降低。跨国供应链面临多种不确定性因素，如政治风险、汇率波动、自然灾害等。这些不确定性因素可能对企业的生产和运输计划造成严重影响，甚至可能导致供应链中断。随着市场需求的多样化，跨国供应链需要满足不同地区和客户的个性化需求。这要求企业具备高度灵活性和适应性，能够快速调整供应链策略以满足市场需求。面对这些复杂性问题，传统的供应链管理模式已经难以满足现代跨国供应链的需求。机器人可以实现自动化、智能化、精确化的作业，提高供应链的效率、降低成本、减少错误率，并帮助企业应对各种复杂性和不确定性因素。机器人技术的应用也需要企业加强技术协作和创新，以更好地适应跨国供应链的需求。企业需要通过国际合作和技术交流，共享资源、知识和经验，共同推动机器人技术在供应链中的应用和发展。企业还需要关注新技术和新模式的发展，不断探索和创新，以应对跨国供应链的复杂性和挑战。

（二）现有技术在跨国供应链中的应用

物联网技术通过给物品赋予"智能"，使它们能够相互通信和交换数据。在跨国供应链中，物联网技术被广泛应用于追踪和监控货物的位置和状态。通过在货物上安装传感器和 RFID 标签，企业可以实时获取货物的位置、温度、湿度等信息，从而确保货物在运输过程中的安全和质量。此外，物联网技术还可以帮助企业预测货物的到达时间，优化库存管理和分销策略。自动化和机器人技术在跨国供应链中的应用已经越来越广泛。在生产环节，机器人可以执行重复、烦琐或危险的任务，提高生产效率和安全性。在仓储和物流环节，自动化仓库和机器人配送系统可以大大提高货物的存储和配送效率。此外，无人驾驶车辆和无人机等先进技术也正在被应用于跨国物流中，以减少人力成本和时间成本。大数据和人工智能技术在跨国供应链中发挥着越来越重要的作用。通过对海量数据的收集、分析和挖掘，企业可以更加准确地预测市场需求、优化库存管理和生产计划。人工智能技术还可以帮助企业完成自动化处理订单、预测货物到达时间等任务，提高供应链的响应速度和准确性。区块链技术以其去中心化、不可篡改的特性在跨国供应链中得到了广泛应用。通过区块链技术，企业可以建立一个透明、可追溯的供应链系统，确保货物的来源和质量。此外，区块链技术还可以帮助企业降低交易成本、提高交易效率，并加强供应链的安全性和可靠性。云计算技术为跨国供应链提供了强大的计算和存储能力。通过云计算平台，企业可以实时获取和处理供应链中的各种数据和信息，实现供应链的协同管理和优化。此外，云计算技术还可以帮助企业降低 IT 成本，提高系统的可扩展性和灵活性。现有技术在跨国供应链中的应用已经越来越广泛和深入。这些技术的应用不仅提高了供应链的效率和准确性，还为企业带来了更多的商业机会和竞争优势。随着技术的不断发展和创新，跨国供应链也将面临更多的挑战和机遇。企业需要不断关注新技术的发展和应用，加强技术协作和创新，以应对跨国供应链的复杂性和变化性。

二、技术协作的必要性与策略

（一）跨国协作对供应链效率的影响

在全球化的经济环境中，跨国供应链正日益成为企业获取竞争优势、满足市场需求的重要手段。跨国供应链的复杂性使得单一企业或地区难以独立应对各种挑战，跨国协作则可以实现全球范围内的资源优化配置。不同国家和地区在资源、技术、市场等方面具有各自的优势，通过跨国协作，企业可以充分利用这些优势，实现资源的高效利用和共享。例如，某些地区可能拥有低廉的劳动力成本，而另一些地区则可能在某些技术领域具有领先地位。通过跨国协作，企业可以将生产任务分配给最适合的地区，从而降低成本、提高生产效率。跨国协作有助于提高物流效率。通过跨国协作，企业可以建立全球物流网络，实现货物的快速、准确、低成本运输。跨国协作还可以促进物流信息的共享和透明化，提高物流的可视性和可预测性。这有助于企业更好地掌握货物的位置和状态，及时应对各种物流风险，并确保货物的安全和及时送达。跨国协作有助于增强企业的风险管理能力。在跨国供应链中，企业面临着各种风险，如政治风险、汇率风险、自然灾害等。通过跨国协作，企业可以建立风险预警和应对机制，及时发现和应对各种风险。跨国协作还可以促进不同国家和地区之间的信息共享和经验交流，帮助企业更好地了解市场环境和潜在风险，提高供应链的韧性和稳定性。跨国协作有助于促进创新与发展。通过跨国协作，企业可以获取更多的创新资源和信息，推动新技术、新产品和新服务的研发和应用。跨国协作还可以促进不同文化和思想的交流和碰撞，激发创新灵感和创意。这有助于企业保持竞争优势和领先地位，实现可持续发展。通过优化资源配置、提高物流效率、增强风险管理能力和促进创新与发展等方面的作用，跨国协作可以显著提高供应链的效率和竞争力。在全球化的经济环境中，企业需要加强跨国协作，积极应对各种挑战和机遇，实现供应链的优化和升级。

（二）国际技术标准与协议的制定

在跨国供应链中，技术协作的顺利进行离不开统一的技术标准和协议的制定。这些标准和协议为不同国家和地区的供应链参与者提供了统一的指导和规范，确保机器人技术在全球范围内的有效应用和高效协作。以下将详细探讨国际技术标准与协议在跨国供应链技术协作中的重要性及其制定过程。促进技术互操作性，统一的国际技术标准能够确保不同国家和地区使用的机器人系统、设备和软件之间能够相互通信和协作。这有助于实现供应链的无缝连接，从而提高整体运作效率。

降低技术门槛，制定国际技术标准可以降低新技术应用的门槛，减少企业因技术差异而面临的障碍。当所有参与者都遵循相同的技术标准时，企业可以更容易地采用新技术，推动供应链的升级和创新。提高数据安全性，统一的数据交换和传输标准可以确保供应链中数据的安全性和可靠性。通过遵循国际技术标准，企业可以确保数据在跨国传输过程中的完整性和保密性，减少数据泄露和篡改的风险。

国际技术协议的制定过程。需求分析与调研，在制定国际技术标准与协议之前，需要对全球供应链中的技术需求进行深入分析和调研，包括了解不同国家和地区的技术现状、市场需求、法律法规等因素，以确保制定的标准和协议符合实际情况。组织协商与讨论，制定国际技术标准与协议需要各国政府、行业协会、企业等利益相关者共同参与和协商。通过组织国际会议、研讨会等活动，促进各方之间的交流和合作，共同商讨制定符合各方利益的技术标准和协议。起草与修订，在协商和讨论的基础上，起草初步的技术标准和协议草案。通过广泛地征求意见和反馈，进一步对草案进行修订和完善。这个过程需要反复进行，以确保最终制定的标准和协议能够得到广泛认可和支持。经过多次修订和完善后，国际技术标准与协议最终得以发布。随后，各国政府、行业协会、企业等需要积极推广和实施这些标准和协议，确保它们在实际应用中发挥作用。还需要建立相应的监督和评估机制，对标准和协议的实施情况进行跟踪和评估，及时发现和解决问题。通过制定统一的技术标准和协议，可以促进不同国家和地区之间的技术互操作性、降低技术门槛、提高数据安全性等方面的优势。制定过程需要各国政府、行业协会、企业等利益相关者的共同参与和协商，以确保最终制定的标准和协议符合实际情况并得到各方的广泛认可和支持。

（三）跨国公司与政府的角色与责任

跨国公司通常拥有强大的技术实力和研发能力，是推动供应链技术创新的重要力量。他们应积极投入研发，不断推出符合供应链需求的新技术、新设备和新产品。跨国公司还应加强与其他企业和研究机构的合作，共同推动供应链技术的创新和发展。跨国公司应积极将新技术应用到供应链管理中，提高供应链的效率和可靠性。他们应通过培训、示范和案例分享等方式，向供应链合作伙伴传递新技术带来的好处和优势，帮助他们理解和掌握新技术，实现技术的广泛应用。跨国公司通常拥有庞大的供应链网络，需要协调和管理众多供应商、制造商、分销商等合作伙伴。他们应发挥自身的整合能力，优化供应链网络，实现资源的合理配置和高效利用。跨国公司还应加强与其他国家和地区的供应链合作伙伴的沟通和协作，共同应对各种挑战和风险。跨国公司应关注供应链对环境、社会和经济的影响，积极履行社会责任。他们应采取环保、节能、减排等措施，以降低供应链对环境的影响。跨国公司还应关注供应链中的劳工权益、人权保护等问题，确保供应链的可持续发展。政府应制定符合国情和供应链发展需要的政策与法规，为跨国供应链的技术协作和创新提供制度保障。这些政策与法规应涵盖技术研发、投资、贸易、税收等方面，为跨国公司和其他供应链参与者提供公平竞争的环境和条件。政府应提供资金、技术、人才等方面的支持，鼓励跨国公司和其他供应链参与者加大技术研发和创新投入。政府还应建立激励机制，对在供应链技术创新方面取得突出成绩的企业和个人给予表彰和奖励。政府应积极参与国际组织和多边合作机制，加强与其他国家和地区的合作与交流。通过签署合作协议、共建研发中心等方式，推动跨国供应链的技术协作和创新。政府还应加强与其他国家和地区的贸易往来和人员交流，为跨国供应链的发展创造有利条件。政府应加大对跨国供应链的监管和执法力度，确保供应链的安全和稳定。对于违法违规行为，政府应依法惩处，维护供应链的公平竞争和良好秩序。政府还应加大对供应链中劳工权益、人权保护等问题的监管和执法力度，从而确保供应链的可持续发展。

三、跨国供应链中的技术创新

（一）物联网与云计算在跨国供应链中的应用

随着科技的迅猛发展，物联网（IoT）与云计算技术在跨国供应链中的应用日益广泛，为供应链的智能化、高效化和可持续化提供了强有力的支持。物联网技术通过嵌入在供应链各个环节中的传感器和智能设备，实时收集、传输和处理数据。这使得企业能够实时监控货物的位置、状态、温度、湿度等关键信息，并确保货物在跨国运输过程中的安全和完整。物联网技术还能提供实时的供应链可视化，帮助企业更好地掌握供应链的运作情况，及时发现问题并采取相应的措施。通过对物联网收集的海量数据进行分析和挖掘，企业可以实现对供应链未来趋势的智能预测。例如，基于历史销售数据和市场需求预测，企业可以预测未来某个地区的货物需求量，从而提前调整生产计划和库存策略。此外，物联网技术还能为企业的决策提供有力支持，帮助企业制定更加科学、合理的供应链战略。物联网技术的应用使得供应链中的许多操作可以实现自动化和智能化。通过智能仓储系统，企业可以实现货物的自动入库、出库和盘点，提高仓储效率并降低错误率。物联网技术还能实现供应链的智能化调度和优化，如通过智能调度系统对运输车辆进行实时调度和路径规划，以降低运输成本和时间。云计算技术为跨国供应链提供了海量的数据存储能力和高效的数据管理能力。企业可以将供应链中的关键数据存储在云端，实现数据的集中管理和备份。这不仅可以确保数据的安全性和可靠性，还能提高数据的可访问性和可共享性。通过云计算平台，企业可以轻松地实现供应链中各部门之间的数据共享和协同工作。

云计算平台具有强大的大数据分析和处理能力，可以帮助企业从海量的数据中提取有价值的信息。通过对供应链中的销售数据、物流数据、生产数据等进行深度分析，企业可以了解供应链的运行情况和问题所在，为决策提供更加准确和科学的依据。云计算平台还能支持各种复杂的数据分析和挖掘算法，帮助企业发现更多的商业机会和潜在价值。云计算平台具有弹性扩展的能力，可以根据企业的实际需求动态调整计算资源，这使得企业能够灵活地应对跨国供应链中的波动性和不确定性。云计算平台还能降低企业的 IT 成本，提高 IT 资源的利用率。通过租用云计算平台提供的服务，企业可以节省硬件和软件采购、维护以及升级等方面的费用，并将更多的精力投入到供应链的创新和优化中。物联网和云计算技术在跨国供应链中的应用为供应链的智能化、高效化和可持续化提供了重要的支持。通过实时数据监控与追踪、智能预测与决策支持、自动化与智能化管理以及数据存储与管理、大数据分析与处理、弹性扩展与成本优化等方面的应用，物联网和云计算技术正在深刻改变跨国供应链的运作方式和效率。

（二）块链技术在供应链透明度与追溯性中的作用

随着全球化贸易的不断发展，跨国供应链的复杂性日益增加，如何确保供应链的透明度与追溯性成为亟待解决的问题。区块链技术以其去中心化、不可篡改和分布式账本的特点，为供应链的透明度与追溯性提供了新的解决方案。区块链技术通过分布式账本的方式，将信息存储在多个节点上，从而实现了去中心化的数据管理。这意味着没有一个单一的实体能够控制或篡改数据，从而保证了数据的安全性和可靠性。由于区块链上的数据采用密码学技术进行加密和验证，一旦写入，就无法被篡改。这种特性使得区块链成了一个不可篡改的数据库，并且能够确保供应链信息的真实性和完整性。区块链上的所有数据都是公开可见的，所有参与者都可以访问和验证这些数据。这种透明性使得供应链中的信息更加容易追溯和验证，降低了欺诈和错误的风险。

通过将产品从原材料到成品的所有信息记录在区块链上，企业可以实现对产品的全程追溯。消费者可以通过扫描产品上的二维码或条形码，查看产品的生产地、生产日期、运输路径等信息，从而确保产品的真实性和安全性。区块链技术可以优化供应链管理流程，提高供应链的透明度和效率。通过区块链平台，企业可以实时跟踪货物的位置和状态，预测货物的到达时间，优化库存管理和物流调度。区块链还可以降低供应链中的欺诈和错误风险，提高供应链的可靠性。智能合约是区块链技术的一个重要应用，它允许参与者在无须第三方干预的情况下自动执行合同条款。在供应链中，智能合约可以确保供应链各方按照约定的条件和规则进行交易和支付，降低交易成本和风险。例如，当货物到达指定地点时，智能合约可以自动触发支付流程，确保货款的及时支付。区块链技术可以实现对供应链参与者的身份验证和权限管理。通过区块链平台，企业可以验证参与者的身份和资格，确保只有经过授权的参与者才能访问和修改供应链信息。这种身份验证和权限管理机制可以提高供应链的安全性和可信度。尽管区块链技术在供应链透明度与追溯性中具有巨大的潜力，但其在实际应用中仍面临一些挑战，如技术成熟度、成本、隐私保护等问题。随着技术的不断发展和完善，这些挑战将逐渐得到解决。未来，区块链技术有望在跨国供应链中发挥更加重要的作用，进一步推动供应链的智能化、高效化和可持续化发展。

第九章

持续改进与未来展望

　　随着科技的飞速发展，机器人技术在供应链领域的应用日益广泛，其影响力也在不断扩大。从简单的自动化操作到复杂的智能决策支持，机器人为供应链的各个环节带来了前所未有的变革。正如任何技术一样，机器人技术也面临着持续改进和不断创新的挑战。在过去的几年里，我们已经见证了机器人在供应链中的巨大潜力，它们提高了生产效率、降低了生产成本，并为企业带来了显著的竞争优势，但也必须认识到，随着技术的不断进步和市场需求的不断变化，机器人技术也需要不断地进行改进和优化，以适应新的应用场景和挑战。本章将重点探讨机器人技术在供应链中的持续改进与未来展望。在持续改进方面，将探讨如何通过数据分析、人工智能和机器学习等先进技术来优化机器人的性能和功能。将研究如何使机器人更加智能化、自主化，以便更好地适应复杂多变的供应链环境。此外，还将探讨如何通过持续改进机器人的设计和制造过程，降低其成本并提高可靠性。

　　在未来展望方面，将关注机器人技术在供应链中的潜在应用和发展趋势。随着5G、物联网、云计算等技术的不断成熟和应用，机器人技术将迎来更加广阔的发展空间。将探讨如何将这些新技术与机器人技术相结合，为供应链带来更加高效、智能和可持续的解决方案。机器人技术在供应链中的应用是一个充满挑战和机遇的领域。通过持续改进和不断创新，可以期待机器人技术在未来能够为供应链带来更多的变革和进步。让我们共同期待并见证这一激动人心的未来吧！

持续改进方法论在自动化中的应用

在机器人和自动化技术不断渗透供应链管理的今天，持续改进成了一个至关重要的议题。随着市场竞争的加剧和消费者需求的多样化，供应链中的各个环节都需要不断地进行优化和调整，以保持其高效、灵活和竞争力。持续改进方法论是一种系统化的、结构化的方法，旨在通过不断地识别问题、分析原因、制定改进措施并监控效果，来推动组织或系统的持续优化。在供应链自动化的背景下，持续改进方法论的应用显得尤为重要。通过应用这一方法论，可以更加精准地识别出自动化过程中存在的问题和"瓶颈"，并有针对性地制定改进措施，从而不断提高自动化的效率和效果。在本节中，将详细探讨持续改进方法论在自动化中的应用。介绍持续改进方法论的基本框架和核心原则，然后结合供应链自动化的实际案例，分析如何应用这一方法论来推动自动化的持续改进。还将探讨在自动化过程中可能遇到的挑战和困难，并提出相应的解决方案和建议。通过本节的学习，读者将能够深入了解持续改进方法论在自动化中的应用，掌握如何运用这一方法论来推动供应链自动化的持续优化和提升。这不仅有助于提高供应链自动化的效率和效果，还有助于推动供应链管理的整体发展和进步。

一、持续改进方法论概述

（一）持续改进的定义与重要性

在探讨持续改进方法论在自动化中的应用之前，需要对"持续改进"这一概念进行深入的解析。持续改进，简而言之，是一个不断寻求改进、优化和创新的过程，它旨在通过不断地识别问题、分析原因、制定对策和监控效果，从而推动组织或系统的性能、效率和质量的持续提升。持续改进的重要性在于，它能够帮助企业或个人在面对不断变化的市场环境和客户需求时，保持持续的竞争力。在供应链自动化的背景下，持续改进的意义更加凸显。随着机器人技术的快速发展和广泛应用，供应链自动化水平不断提高，但同时面临着诸多挑战，如技术更新迭代、操作复杂性的增加、数据安全和隐私保护等。这些问题都需要通过持续改进来加以解决。

通过持续改进，企业可以不断引入新的技术、方法和工具，提高自动化系统的性能和效率。如果采用更先进的机器人技术、引入人工智能和机器学习算法等，就可以实现更高效的物流运输、更精准的生产控制和更智能的决策支持。持续改进有助于企业发现供应链自动化流程中的"瓶颈"和问题，并通过优化流程、改进操作方式等手段，提高整体运作效率。例如，通过改进物料搬运流程、优化生产计划等，减少不必要的等待时间和资源浪费。持续改进有助于企业建立健全的质量管理体系，确保自动化系统的稳定性和可靠性。通过制定严格的质量标准、加强质量监控和检测等手段，降低产品质量问题的发生率，提高客户满意度和忠诚度。持续改进还需要企业加强人才培养和团队建设，提高员工的专业技能和素质水平。通过培训、交流和实践等方式，培养一支具备创新思维和实践能力的高素质团队，为持续改进提供有力的人才保障。持续改进不仅能够推动技术创新和流程优化，提高供应链自动化的效率和效果；还能够加强质量管理和人才培养，为企业赢得更多的竞争优势和市场份额。企业需要高度重视持续改进工作，并将其贯穿自动化系统的全生命周期。

（二）持续改进的基本原则与框架

持续改进方法论的成功实施依赖于一系列基本原则和框架的支撑。这些原则和框架为持续改进提供了指导，确保了改进过程的系统性和有效性。一切改进活动的出发点和归宿都应是满足顾客的需求和期望。在供应链自动化中，这意味着要关注自动化流程如何更好地满足内外部客户的需求，提升客户满意度。持续改进需要全体员工的积极参与和贡献。每个员工都应当被鼓励提出改进建议，参与到改进活动中来，共同推动自动化的优化。持续改进应采用系统的方法来识别和解决问题。通过综合分析整个自动化系统的各个部分和环节，找出"瓶颈"和问题，制定针对性的改进措施。所有改进决策都应基于数据、事实和分析。通过收集和分析自动化运行数据，了解实际情况，为决策提供科学依据。持续改进是一个永无止境的过程，应贯穿自动化系统的全生命周期。企业应当不断寻求改进机会，持续优化自动化流程，提升系统性能。

持续改进的框架：通过日常监控、审计、客户反馈等方式，识别自动化系统中存在的问题和"瓶颈"。运用各种分析工具和方法，深入剖析问题的根本原因，为制定改进措施提供依据。针对问题的根本原因，制订具体的改进措施和行动计划，明确责任人和完成时间。按照制订的对策和计划，组织相关人员实施，确保改进措施的有效执行。对改进措施的实施效果进行监控和评估，确保改进措施的有效性和可持续性。总结改进过程中的经验教训，提出新的改进建议，形成持续改进的闭环。持续改进的基本原则和框架为自动化系统的持续改进提供了明确的指导和方向。通过遵循这些原则和框架，企业可以更加系统、有效地实施持续改进，不断提高自动化系统的性能和效率，为供应链的优化和升级提供有力支持。

二、自动化中的持续改进流程

（一）数据收集与分析

在自动化系统中实施持续改进，数据收集与分析是至关重要的第一步。通过系统地收集和分析数据，企业能够深入理解自动化流程的性能、效率和问题所在，为后续的改进工作提供科学依据。数据收集是持续改进流程的起点。在自动化系统中，可以通过多种途径收集数据，包括传感器数据、操作日志、运行报告、用户反馈等。这些数据涵盖了自动化系统的各个方面，如机器人运行状态、物料流动情况、生产效率、故障记录等。为了确保数据的准确性和完整性，需要建立有效的数据收集机制，包括定期收集、自动收集等。但是收集到的原始数据包含大量冗余、错误或不一致的信息，需要进行清洗和整理。数据清洗包括去除重复数据、修正错误数据、处理缺失数据等。数据整理则是将数据按照一定的格式和结构进行组织，以便于后续的分析和处理。经过清洗和整理的数据需要进行深入分析，以揭示自动化系统的性能和问题所在。数据分析可以采用多种方法和技术，如统计分析、数据挖掘、机器学习等。通过分析数据，可以发现自动化系统中的"瓶颈"、异常、趋势等信息，为后续的改进工作提供线索和依据。为了便于理解和沟通，数据分析的结果需要进行可视化展示。通过图表、图形、动画等方式展示数据分析结果，可以更加直观地了解自动化系统的性能和问题所在。结果可视化有助于企业内部不同部门之间的沟通和协作，促进持续改进工作的顺利进行。根据数据分析结果，企业可以制订针对性的改进措施和行动计划，明确责任人和完成时间。数据分析结果还可以用于优化自动化系统的运行参数、调整生产计划、改进物料管理等，进一步提高自动化系统的性能和效率。通过系统的收集和分析数据，企业可以深入了解自动化系统的性能和问题所在，为后续的改进工作提供科学依据。数据分析结果的应用还可以促进自动化系统的优化和升级，为企业赢得更多的竞争优势和市场份额。

（二）问题识别与诊断

问题识别是从数据分析结果中找出潜在问题或改进点的过程。这些问题可能表现为生产效率的下降、物料流动的"瓶颈"、机器人运行故障的增加等。在识别问题时，需要关注与自动化流程相关的各个方面，如机器人性能、设备状态、操作流程、软件系统等。为了有效识别问题，可以采用多种方法，如趋势分析、对比分析、因果分析等。趋势分析可以揭示自动化系统的性能变化趋势，找出潜在问题；对比分析可以比较不同时间、不同条件下的系统性能，找出差异和原因；因果分析可以深入探究问题产生的根本原因，为制定改进措施提供依据。在识别出潜在问题后，需要进行问题诊断，以确定问题的具体原因和影响范围。问题诊断通常涉及对自动化系统的深入检查和测试，包括机器人硬件、软件、控制系统、传感器等方面的检查。问题诊断的过程需要专业知识和经验的支持。诊断人员需要具备对自动化系统有深入了解，能够准确地识别出问题的根源。在诊断过程中，可能需要使用专业的诊断工具和设备，如示波器、频谱分析仪、逻辑分析仪等，以便更准确地定位和诊断问题。在诊断出多个问题时，则需要对问题进行分类和优先级排序。问题分类可以根据问题的性质、影响范围、解决难度等因素进行划分，如功能性问题、性能问题、安全问题等。优先级排序则可以根据问题的紧急程度、影响大小、解决效益等因素进行排序，以确定解决问题的先后顺序。通过问题分类与优先级排序，可以更加有针对性地制订改进措施和行动计划，确保资源得到有效利用，从而提高改进工作的效率和效果。在问题识别与诊断完成后，需要编写问题报告。问题报告应详细记录问题的描述、诊断过程、原因分析、影响范围、解决方案等信息。问题报告不仅是对当前问题的总结，也是后续改进工作的基础。通过编写问题报告，可以确保改进工作的可追溯性和可审计性，为后续工作提供有力支持。通过有效的问题识别与诊断，可以准确地找出自动化流程中的问题和"瓶颈"，为后续制定改进措施提供基础。问题识别与诊断还可以提高改进工作的针对性和有效性，确保资源得到充分利用，提高自动化系统的性能和效率。

（三）改进方案的设计与实施

在自动化系统中实施持续改进的过程中，一旦问题和"瓶颈"被准确识别并诊断，接下来就需要设计并实施有效的改进方案。这个过程需要综合考虑技术可行性、经济效益、操作便利性以及未来可扩展性等多方面因素。设计改进方案时，这些目标应该是具体、可衡量且与企业整体战略相一致的。接下来，需要根据问题诊断的结果，制定针对性的改进措施。对机器人技术、控制系统、传感器等进行升级或优化，提高自动化系统的性能和稳定性。重新设计或优化操作流程，减少不必要的环节，提高整体效率。更新或升级自动化系统的软件，引入新的功能或改进现有功能。针对新的技术或操作流程，对员工进行培训，确保他们能够有效地操作和维护自动化系统。在设计改进方案时，还需要考虑方案的可行性和实施成本。技术可行性是指方案在技术上是否可行，包括技术难度、技术成熟度和技术风险等。经济效益则是指方案实施后能够带来的经济收益，包括成本降低、效率提高和收益增加等。操作便利性是指方案实施后是否便于员工操作和维护。未来可扩展性则是指方案是否具有适应未来变化和扩展的能力。

实施改进方案时，需要制订详细的实施计划，明确责任人和完成时间。还需要确保实施过程中的资源充足，包括人力、物力和财力等。在实施过程中，可能会遇到各种挑战和困难，如技术难题、员工抵触、资源不足等。需要建立有效的沟通机制，确保信息畅通，及时解决问题。还需要建立监控机制，对实施过程进行实时监控和评估，确保改进方案能够按照计划顺利推进。在实施完成后，需要对改进效果进行评估和反馈。评估可以通过对比实施前后的数据来进行，如生产效率、故障率、员工满意度等。如果改进效果达到预期目标，则说明改进方案是成功的；如果未达到预期目标，则需要进一步分析问题原因，调整改进方案并重新实施。

值得注意的是，持续改进是一个循环往复的过程。一次改进完成后，并不意味着所有问题都得到了解决。随着时间的推移和市场环境的变化，新的问题和"瓶颈"可能会出现。通过不断地收集数据、识别问题、设计并实施改进方案以及评估反馈，推动自动化系统的持续优化和升级。通过综合考虑技术可行性、经济效益、操作便利性和未来可扩展性等多方面因素，制定并实施针对性的改进措施，可以推动自动化系统的持续优化和升级，提高企业的竞争力和市场地位。

（四）改进效果的评估与反馈

在评估改进效果之前，需要明确评估指标。这些指标应该与改进目标紧密相关，能够客观地反映改进措施对自动化系统性能、效率、稳定性等方面的影响。常见的评估指标包括生产效率、故障率、设备利用率、物料流动速度、员工满意度等。为了评估改进效果，需要收集相关的数据与信息。这些数据可以来自自动化系统的实时监测数据、运行日志、员工反馈等多个渠道。在收集数据的过程中，需要确保数据的准确性和完整性，以便对改进措施的效果进行准确评估。收集到数据后，需要对其进行分析。通过对比改进措施实施前后的数据变化，可以了解改进措施对自动化系统性能、效率等方面的影响。还可以分析数据中的异常值和趋势，进一步了解自动化系统的运行状况。在数据分析的基础上，可以对改进效果进行评估。注意评估过程应该客观、公正、全面，既要考虑改进措施的直接效果，也要考虑其对整个供应链系统的影响。如果改进措施达到了预期效果，说明改进是成功的；如果未达到预期效果，则需要进一步分析问题原因，调整改进方案并重新实施。评估完成后，需要将评估结果反馈给相关部门和人员。对于成功的改进措施，可以总结经验教训，形成标准化的操作流程或技术规范；对于未达到预期效果的改进措施，则需要进一步分析问题原因，调整改进方案并重新实施。评估与反馈环节并不是一次性的工作，而是持续改进循环中的一个重要环节。随着市场环境和业务需求的变化，新的问题和挑战可能会出现。通过不断地收集数据、分析问题、制定改进措施、实施改进并评估反馈，推动自动化系统的持续优化和升级。在自动化系统中实施持续改进时，对改进效果的评估与反馈是至关重要的环节。通过明确评估指标、收集数据与信息、分析数据与信息、评估改进效果、反馈与调整以及持续改进的循环等步骤，可以确保改进措施的有效性并为后续的持续改进提供有价值的参考。

三、持续改进在自动化中的挑战与机遇

（一）技术与市场的变化

随着科技的不断进步和市场的快速发展，自动化技术在供应链中的应用也面临着前所未有的挑战与机遇。技术与市场的变化不仅要求机器人系统保持高度的灵活性和适应性，还促使企业不断寻求创新和改进，以维持竞争力。近年来，虽然人工智能、物联网、大数据等技术的快速发展，为自动化带来了更多的可能性和机遇，但这些技术的快速迭代也给企业带来了挑战，企业需要不断学习新技术，更新机器人系统的软件和硬件，以适应市场的变化。随着新技术的应用，如何确保机器人系统与其他设备和系统的兼容性成了一个重要问题。企业需要在引进新技术时考虑如何整合现有资源，确保整个供应链系统的顺畅运行。随着机器人系统的广泛应用，如何确保系统的安全性成了一个重要议题。企业需要关注网络安全、物理安全等方面的问题，防止机器人系统被黑客攻击或发生意外故障。随着消费者对个性化、定制化产品需求的增长，机器人系统需要更加灵活和多样化。这为自动化技术的发展提供了广阔的市场空间，企业

可以通过持续改进和创新，满足市场的多样化需求。随着物联网、大数据等技术的应用，智能供应链成为未来发展的重要趋势。企业需要抓住这一机遇，加强技术研发和应用，推动智能供应链的快速发展。随着环保意识的提高，市场对环保和可持续性产品的需求不断增长。机器人系统在生产过程中可以实现节能减排、降低废弃物排放等目标，满足市场的环保需求。企业需要关注环保和可持续性问题，加强技术研发和应用，推动绿色生产的发展。

企业需要不断引进新技术、新设备，加强技术研发和创新能力，确保机器人系统始终保持领先地位。企业需要建立灵活的生产体系，以适应市场的快速变化。通过模块化设计、柔性制造等方式，提高生产线的灵活性和适应性。企业需要加强供应链管理，优化资源配置，降低成本，提高供应链的效率和可靠性。企业需要关注机器人系统的安全和环保问题，加强安全防护和环保措施，确保生产的顺利进行。企业还需要加强技术研发和创新能力，建立灵活的生产体系，加强供应链管理，关注安全和环保问题，以应对挑战并抓住机遇。

（二）组织文化与员工态度的转变

随着自动化的深入应用，传统的组织文化可能会受到冲击。原有的以人工操作为主的生产模式将被以机器人和自动化技术为主导的生产模式所取代，这要求企业从领导层到基层员工都需要对组织文化进行重新定位和调整。企业领导层需要认识到自动化技术对于企业长远发展的重要性，并愿意为此投入资源和精力。他们需要摆脱传统的思维定式，以开放、包容的心态接受新技术，并鼓励员工进行创新和实践。中层管理者则需要适应新的管理模式和工作流程。他们需要学习如何与机器人系统协同工作，如何管理和调度机器人资源，以及如何评估机器人的工作绩效。基层员工是自动化技术应用最直接的受众，他们需要接受新技术带来的变化，学习新的操作技能，并适应新的工作环境。由于年龄、学历、技能等差异，基层员工对于新技术的接受程度可能会有所不同。尽管组织文化的转变可能会带来一些挑战，但它也为企业和员工带来了重要的机遇。自动化技术的应用为员工提供了学习新技能的机会。员工可以通过培训和学习，掌握与机器人系统协同工作的技能，提高自己的职业竞争力。自动化技术的应用可以优化工作流程，减少重复性和低价值的工作，使员工能够专注于更有价值的工作。这不仅可以提高员工的工作满意度，还可以提高整体的工作效率。在自动化技术的应用过程中，团队协作变得尤为重要。员工需要学会与机器人系统协同工作，与其他员工共同解决问题。这种团队协作的经验可以增强员工的沟通能力和协作精神，为企业创造更大的价值。

企业需要为员工提供必要的培训和教育，帮助他们了解自动化技术的优势和特点，掌握与机器人系统协同工作的技能。企业可以建立激励机制，鼓励员工积极参与自动化技术的应用和创新实践。例如，可以设立奖励制度，对在自动化技术应用中表现突出的员工进行表彰和奖励。企业需要加强内部沟通和交流，及时了解员工的想法和反馈。可以通过定期召开座谈会、建立员工反馈机制等方式，收集员工的意见和建议，为企业的持续改进提供参考。企业需要营造积极的文化氛围，鼓励员工敢于尝试、勇于创新。可以通过举办文化活动、宣传先进典型等方式，激发员工的创造力和工作热情。企业还需要积极应对这些挑战并抓住机遇，通过加强培训和教育、建立激励机制、加强沟通和交流以及营造积极的文化氛围等措施，推动持续改进的实现。

（三）持续改进与业务目标的结合

企业通常拥有多个层面的业务目标，包括短期利润增长、长期市场份额扩张、客户满意度提升等。将这些目标与自动化持续改进的具体措施相结合，需要跨部门的合作和沟通，且确保各个层面的目标都能够被考虑并得到适当的平衡。持续改进的效果需要通过具体的度量标准来评估。如何制定这些标准以确保它们能够准确反映业务目标的改善情况，是一个挑战。标准制定得过于笼统或过于复杂，都可能导致评估结果的失真。持续改进需要投入人力、物力和财力等资源。在资源有限的情况下，如何确保这些资源能够优先分配给那些对业务目标影响最大的改进措施，是一个需要权衡的问题。通过将持续改进与业务目标相结合，企业可以确保自动化投资与整体战略方向保持一致。这不仅有助于提高资源利用效率，还能增强企业在市场中的竞争力。明确的业务目标和度量标准可以帮助企业更快速地识别出那些对业务影响最大的改进措施，并据此制定优先级的决策。这有助于提高决策效率，减少浪费。持续改进与业务目标的结合需要跨部门的合作和沟通。通过这一过程，不同部门之间可以建立起更紧密的联系和协作关系，共同推动供应链的优化和升级。

　　企业需要明确自身的业务目标，并确保这些目标能够被量化和具体化。这有助于为持续改进提供明确的方向和度量标准。基于业务目标，企业可以制订持续改进计划，明确需要采取的措施和步骤，并制定相应的实施时间表。企业需要建立跨部门的合作与沟通机制，确保不同部门都能够参与到持续改进的过程中来，并分享各自的经验和教训。企业需要定期对持续改进的效果进行评估，并根据评估结果对计划进行调整和优化。这有助于确保持续改进能够持续为业务目标作出贡献。

未来技术的预测与发展趋势

　　随着科技的飞速发展和数字化转型的深入推进，机器人技术在供应链中的应用正迎来前所未有的变革与机遇。从传统的物料搬运、装配生产线到现代的智能仓储、无人驾驶运输，机器人已经逐渐渗透供应链的各个环节，成为推动供应链高效、灵活运作的重要力量。在这一节中，将探讨未来机器人技术在供应链领域的发展趋势，预测新技术将如何进一步改变供应链的运作模式和竞争格局。面对日益复杂多变的供应链环境，企业对于自动化、智能化技术的需求愈加迫切。机器人技术不仅能够在提高生产效率、降低运营成本方面发挥重要作用，更能在应对市场变化、优化库存管理、提升客户体验等方面展现出巨大潜力。对未来机器人技术的预测与发展趋势进行深入分析，对于供应链管理者和决策者来说具有重要的战略意义。在未来，随着人工智能、物联网、5G通信等技术的不断发展，机器人技术将迎来更加广阔的应用前景，还将看到更加智能化、自主化的机器人系统出现，它们将能够更好地适应复杂多变的生产环境，实现更高效的作业和更精细的管理。随着机器人技术的不断成熟和普及，其在供应链中的应用也将更加广泛和深入，从而成为推动供应链创新发展的重要动力。

一、未来技术概览

（一）新兴技术的定义与分类

　　人工智能技术在供应链中的应用日益广泛，包括自动化决策、智能预测、优化调度等方面。机器学习是人工智能的核心技术之一，能够通过对大量数据的分析和学习，实现自主优化和改进，提高供应链的智能化水平。物联网（IoT）技术通过将各种物理设备连接到互联网，实现数据的实时采集、传输和分析。在供应链中，物联网技术可以应用于仓储管理、运输跟踪、设备监控等多个环节，提高供应链的透明度和可追溯性。自动化和机器人技术能够减少人工操作，提高生产效率。在供应链中，自动化与机器人技术不仅可以应用于生产线上的自动化作业，还可以应用于仓储、分拣、运输等环节，实现供应链的全流程自动化。区块链技术以其去中心化、透明性、可追溯性等特点，在供应链中具有巨大的应用潜力。它可以确保数据的真实性和不可篡改性，提高供应链的透明度和可信度，还有助于打击假冒伪劣产品和食品安全问题。增强现实（AR）与虚拟现实（VR）技术可以为供应链提供全新的可视化和管理手段。通过 AR/VR 技术，可以模拟真实的供应链场景，进行虚拟培训和演练，提高员工的操作技能和应对能力。这些新兴技术的发展和融合，将为供应链带来革命性的变革。它们将提高供应链的智能化、自动化水平，优化供应链的运作效率和服务质量，从而推动供应链向更高效、更灵活、更绿色的方向发展。新兴技术也将对供应链管理提出更高的要求和挑战，需要企业不断创新和改进管理方法和手段，以适应新的发展趋势和市场需求。

（二）新兴技术对供应链的影响

人工智能（AI）和机器学习技术的应用使得供应链决策更加智能化。通过收集和分析大量的数据，AI 技术能够预测市场需求、优化库存管理、降低运输成本等。机器学习则可以通过学习历史数据，自主改进和优化供应链流程，提高供应链的响应速度和准确性。物联网（IoT）技术的普及使得供应链实现了全面的数字化和可视化。通过物联网设备，企业可以实时追踪货物的位置和状态，实现库存的实时监控和预警。这不仅提高了供应链的透明度和可追溯性，还有助于企业及时发现和解决问题，降低运营风险。自动化和机器人技术的应用使得供应链的自动化水平不断提高，从简单的物料搬运到复杂的装配生产线，机器人都能够胜任。这不仅降低了人工成本，还提高了生产效率和产品质量。随着机器人技术的不断进步，未来机器人将能够承担更多复杂的任务，如智能分拣、自主导航等，进一步推动供应链的自动化和智能化。区块链技术则为供应链提供了更加安全、透明和可信任的环境。通过区块链技术，企业可以确保供应链中数据的真实性和不可篡改性，防止假冒伪劣产品和食品安全问题的发生。区块链技术还可以实现供应链中各方之间的信息共享和协同工作，提高供应链的协同性和响应速度。新兴技术正逐渐改变着供应链的运作模式和竞争格局。这些技术不仅提高了供应链的效率和灵活性，还推动了供应链的数字化转型和智能化升级。未来，随着技术的不断进步和应用场景的不断拓展，新兴技术将在供应链中发挥更加重要的作用，为企业创造更多的价值和机会。

二、机器人技术的未来发展

（一）自主导航与感知能力的增强

自主导航技术的提升将使机器人能够更加准确地定位自身位置，并规划出最优的行驶路径。传统的导航技术常依赖于预设的地图和固定的标志物，而未来的机器人将能够利用先进的传感器和算法，实时感知周围环境的变化，并据此调整自己的行驶路径。这种动态导航的能力将使机器人更加适应复杂多变的供应链环境，提高运输和搬运的效率。感知能力的增强将使机器人能够更加准确地识别和处理各种物品。通过计算机视觉和深度学习技术，机器人将能够识别出不同形状、颜色和材质的物品，并根据需求进行精确的抓取、分类和组装等操作。这种智能感知的能力将使机器人能够胜任更加复杂和精细的任务，进一步提高生产线的自动化水平。自主导航与感知能力的增强还将带来一些新的应用场景。例如，在仓储管理中，机器人可以自主导航到指定的货架，通过感知技术识别出需要搬运的货物，并自动完成搬运任务。在物流运输中，机器人可以自主规划行驶路线，避开障碍物和交通拥堵路段，实现更加高效和安全的运输。要实现这些高级的自主导航和感知能力，就需要克服一些技术挑战。例如，如何提高传感器的精度和稳定性，如何优化算法的运算速度和准确性等。此外，还需要解决一些伦理和法律问题，如机器人的安全性和责任归属等。

（二）机器人与人协同工作能力的提升

机器人将具备更强大的自然语言处理能力和情感识别能力。这意味着机器人将能够更准确地理解人类的语音和文字指令，并能够识别出人类的情绪状态。通过这种方式，机器人将能够更好地与人类沟通，理解人类的需求和意图，从而更加准确地完成任务。机器人将具备更强大的学习和适应能力。通过机器学习和深度学习技术，机器人将能够不断地从与人类的交互中学习新的知识和技能。这意味着机器人将能够更快速地适应新的工作环境和任务需求，与人类实现更加高效的协作。机器人将具备更强大的物理交互能力。传统的机器人只能执行简单的物理操作，而未来的机器人将能够与人类进行更加复杂的物理交互。例如，机器人将能够与人类一起搬运重物、组装产品等，甚至能够协助人类完成一些精细的手部操作。这种物理交互能力将使机器人成为人类工作的重要助手，提高工作效率和安全性。为了提高机器人与人协同工作的能力，还需要解决一些技术上的挑战。需要提高机器人的感知和识别能力，使其能够更准确地理解人类的需求和意图。需要优化机器人的运动控制算法，使其能够更流畅、自然地与人类进行物理交互。此外，还需要加强机器人与人类之间的安全保护机制，确保在协同工作过程中不会发生意外事故。随着机器人与人协同工作能力的不断提升，未来的供应链将变得更加智能化和高效化。机器人将能够与人类实现更加紧密的协作，共同应对供应链中的各种挑战和问题。例如，在仓储管理中，机器人可以协助人类进行货物的分类、搬运和存储；在物流运输中，机器人可以与人类一起规划运输路线、监控货物状态等。这种协同工作将大大提高供应链的运作效率和服务质量，从而为企业创造更多的价值。

（三）机器人智能化程度的加深

机器人将具备更强大的学习和自适应能力。通过深度学习和强化学习等技术，机器人能够不断从实际工作中学习新的知识和技能，逐渐适应并应对各种复杂多变的任务环境。这种自适应能力将使机器人能够更加灵活地应对供应链中的不确定性因素，提高供应链的韧性和稳定性。机器人将实现更高级别的自主决策和规划。未来的机器人将不仅是执行简单的指令和任务，而是能够基于自身的感知和学习能力，自主判断并规划最优的行动方案。这将使机器人在供应链中扮演更加主动和积极的角色，能够自主解决一些常见问题和挑战，减轻人类工作负担。机器人将具备更加丰富的感知和交互能力。未来的机器人将能够通过更加先进的传感器和感知技术，实现对周围环境的全面感知和精确理解。机器人还将具备更加自然的交互方式，能够与人类进行更加流畅和高效的沟通。这将使机器人能够更好地理解人类的需求和意图，为人类提供更加个性化的服务。在智能化程度的加深过程中，机器人还将实现与其他智能系统的无缝集成和协同工作。例如，机器人可以与物联网系统、大数据分析平台等进行连接和交互，实现供应链数据的实时共享和分析。这将使机器人能够基于更加全面和准确的数据进行决策和行动，进一步提高供应链的智能化水平，但如何确保机器人的安全性和可靠性是一个重要的议题。随着机器人自主决策和规划能力的增强，如何防止机器人出现误判和误操作成为一个亟待解决的问题。如何平衡机器人的智能化水平和人类的工作需求也是一个需要考虑的问题。机器人智能化程度的加深可能会导致一些传统工作岗位的消失或变化，需要政府制定相应的政策和措施来应对。

三、人工智能与机器学习的应用

（一）人工智能在供应链优化中的作用

人工智能（即 AI 系统）在需求预测方面展现出巨大的潜力。通过分析历史销售数据、市场趋势、消费者行为等多种信息，AI 系统能够准确预测未来的市场需求。这种预测不仅能够帮助企业制订更加合理的生产计划，还能避免库存积压和缺货现象的发生，提高库存周转率。传统的供应链网络设计基于固定的模型和假设，而 AI 系统则能够实时收集和分析数据，动态调整和优化供应链网络结构。通过智能路由、智能调度等技术，AI 系统能够找到最优的物流路径和运输方式，降低运输成本和时间，提高供应链的效率和可靠性。AI 系统能够评估供应商的质量、交货时间、价格等多个方面，帮助企业选择合适的供应商并建立长期合作关系。AI 系统还能够实时监测供应商的表现，及时发现潜在问题并采取相应措施，确保供应链的稳定性和可靠性。在库存管理方面通过实时跟踪库存状态、预测需求变化、优化库存策略等手段，AI 系统能够降低库存成本、减少库存风险、提高客户满意度。AI 系统还能够与自动化仓库和机器人等设备协同工作，实现库存的自动化管理和智能化控制。数据的质量和准确性对 AI 系统的性能至关重要。如果数据存在偏差或错误，AI 系统的预测和决策就可能会出现偏差。企业需要投入大量精力来确保数据的准确性和完整性，AI 系统的开发和维护需要专业的技术团队和持续的投入，企业需要不断更新和优化 AI 系统以适应不断变化的市场环境和业务需求。通过利用人工智能的先进算法和强大处理能力，企业能够更高效地管理供应链、降低成本、提高响应速度并在竞争中保持领先地位。在应用人工智能技术的过程中，企业也需要注意解决数据质量和准确性、技术团队和持续投入等问题以确保 AI 系统的性能和稳定性。

（二）机器学习在需求预测与库存管理中的应用

传统的需求预测方法基于历史销售数据、市场趋势等因素进行预测，但这种方法难以准确反映市场的动态变化。而机器学习技术则能够通过学习历史数据中的模式和规律，自动调整预测模型，以更准确地预测未来的需求。通过分析历史销售数据的时间序列特性，机器学习算法能够捕捉季节性、周期性等因素对销售的影响，并据此预测未来的销售趋势。机器学习算法可以利用回归分析技术，分析多个因素（如价格、促销、竞争对手活动等）对销售的影响，并据此预测未来的销售情况。神经网络是一种强大的机器学习算法，能够模拟人脑的工作方式，通过不断学习历史数据中的模式和规律，自动调整预测模型，以更准确地预测未来的需求。机器学习技术的应用，不仅提高了需求预测的准确性，还能够帮助企业及时发现市场变化，并据此调整生产和库存策略，降低库存风险，提高供应链的响应速度。

机器学习算法可以根据历史销售数据、库存周转速度等因素，对库存进行智能分类。通过将库存分为不同的优先级，企业可以更加合理地分配库存资源，确保重要商品的供应。与需求预测类似，机器学习算法可以通过学习历史库存数据，预测未来的库存需求。这有助于企业提前制订采购计划，避免库存积压或缺货现象的发生。机器学习算法可以通过分析历史销售数据、库存成本等因素，为企业提供最优的库存策略。例如，通过优化库存周转率、降低库存成本等手段，提高库存的效益和效率。机器学习技术还可以与物联网技术相结合，实现库存的实时监控和预警。通过实时收集和分析库存数据，企业可以及时发现库存异常情况，并采取相应的措施，确保库存的稳定性和可靠性。通过利用机器学习技术的先进算法和强大处理能力，企业能够更准确地预测市场需求、优化库存管理策略，降低库存风险，提高供应链的响应速度和竞争力。

（三）人工智能与机器人技术的融合

人工智能与机器人技术的融合，意味着机器人将不再只是执行简单、重复任务的工具，而是能够拥有更高级别的智能和自主决策能力。这种融合将极大地提升机器人的适应性和灵活性，使其能够更好地应对供应链中复杂多变的环境和需求。人工智能的引入也将使机器人具备更强大的学习和优化能力，从而不断提高工作效率和准确性。通过集成人工智能算法，机器人将能够基于实时数据和分析结果，自主制订并执行最优的工作计划。例如，在仓储物流领域，智能机器人可以根据库存情况、订单需求等信息，自动规划货物搬运和配送的路径和顺序，从而提高物流效率。融合人工智能的机器人将具备更强大的感知和适应能力。它们可以通过传感器实时收集环境信息，并利用 AI 算法进行处理和分析，从而自主适应环境变化并作出相应的调整。这种能力将使机器人在处理复杂、多变的供应链任务时更加得心应手。人工智能的引入将使机器人具备持续学习和自我优化的能力。通过不断收集和分析工作数据，机器人可以发现自身的不足和改进空间，并自动调整工作策略和方法。这种能力将使机器人能够不断适应新的工作环境和任务需求，始终保持最佳的工作状态。

随着人工智能和机器人技术的不断进步和成熟，两者的融合将越来越紧密。未来，将看到更多具备高度智能和自主性的机器人出现在供应链中，它们将能够与人类更加紧密地协作，共同应对各种挑战。尽管人工智能与机器人技术的融合带来了许多机遇，但也面临着一些挑战。例如，如何确保机器人在自主决策和执行任务时的安全性和可靠性，如何保护数据隐私和安全，如何制定有效的法律法规来规范人工智能和机器人的应用等，这些问题需要我们在推动技术融合时不断思考和解决。

四、物联网与云计算的整合

（一）物联网在供应链透明度与追溯性中的应用

物联网技术是指通过信息传感设备，如射频识别（RFID）、红外感应器、全球定位系统、激光扫描器等，按照约定的协议，将任何物品与互联网连接起来，进行信息交换和通信，以实现智能化识别、定位、跟踪、监控和管理的一种网络技术。在供应链中，物联网技术可以将各个环节的设备、货物和人员连接起来，形成一个庞大的数据网络。物联网技术可以实时收集供应链各个环节的数据，包括货物位置、状态、温度、湿度等，使得企业能够实时了解供应链的运行情况。这种实时数据监控大大提高了供应链的透明度，有助于企业及时发现并解决问题。物联网技术可以将供应链各个环节的信息进行实时共享，使得供应链的参与者能够共同了解供应链的状态和变化。这种信息共享有助于企业之间建立更加紧密的合作关系，共同应对市场变化和挑战。物联网技术可以将供应链的数据以可视化的方式呈现，使得企业能够直观地了解供应链的运行情况。这种可视化管理有助于企业更加快速地识别问题，并制定相应的解决策略。

物联网技术可以为每一件货物分配一个唯一的标识符（如RFID标签），并通过该标识符追踪货物的来源、流向和状态。这种货物追溯功能使得企业能够快速定位问题货物，并采取相应的处理措施。物联网技术可以实现对货物的批次管理，即根据货物的生产日期、生产批次等信息，对货物进行分类和追踪。这种批次管理有助于企业及时发现并处理同一批次货物可能存在的问题，以降低风险。在发生产品质量问题或安全事件时，物联网技术可以快速定位并召回受影响的货物。通过追溯货物的流向和状态，企业可以准确确定需要召回的货物范围，减少不必要的损失。物联网技术的应用产生了大量的数据，而云计算则提供了强大的数据存储和处理能力。通过将物联网与云计算进行整合，企业可以实现对供应链数据的集中存储、统一管理和高效分析。这种整合不仅提高了数据的处理效率，还降低了企业在IT方面的成本。通过实时数据监控、信息共享、可视化管理等功能，物联网技术使得企业能够更加全面地了解供应链的运行情况；而通过货物追溯、批次管理、召回管理等功能，物联网技术则使得企业能够更加快速地应对各种问题和挑战。随着物联网技术的不断发展和完善，其在供应链中的应用将更加广泛和深入。

（二）云计算在数据处理与分析中的优势

云计算是一种基于互联网的计算方式，它允许用户通过网络访问共享的资源池（包括硬件、软件和数据），云计算可以根据实际需求动态调整计算资源，从而实现资源的快速扩展和收缩。云计算通过数据备份、冗余设计等手段，保证了数据的高可靠性和服务的连续性。用户只需支付实际使用的资源费用，无须承担高昂的初期投资和维护成本。云计算平台拥有庞大的计算资源，能够轻松应对物联网产生的海量数据。通过分布式计算、并行处理等技术手段，云计算可以实现对数据的快速处理和分析。云计算平台采用分布式存储技术，将数据存储在多个节点上，实现了数据的高可用性和可扩展性。云计算平台还提供了高效的数据检索功能，可以根据用户需求快速定位并获取相关数据。云计算平台利用大数据分析和机器学习技术，可以对供应链数据进行深度挖掘和分析，发现数据中的规律和趋势。基于这些分析结果，企业可以作出更加科学的决策，优化供应链运营。云计算平台可以根据企业的实际需求，灵活调整计算资源的配置和使用方式。当企业需要处理更多数据时，可以快速增加计算资源；当数据量减少时，则可以减少计算资源的使用量，从而为企业降低成本。

以某大型零售商为例，该零售商通过物联网技术收集了门店、仓库、配送中心等各个环节的数据。然后，这些数据被传输到云计算平台进行统一处理和分析。云计算平台利用大数据分析技术，对这些数据进行了深入挖掘和分析，发现了商品销售、库存变化、物流运输等方面的规律和趋势。基于这些分析结果，该零售商可以更加准确地预测市场需求、优化库存管理、提高物流配送效率等，从而实现了供应链的持续改进和优化。云计算在数据处理与分析中具有显著的优势，它不仅可以应对物联网产生的海量数据，还可以实现高效的数据存储与检索、智能分析与决策支持等功能。随着云计算技术的不断发展和完善，其在供应链中的应用将更加广泛和深入。未来，云计算将成为推动供应链数字化转型和智能化的重要力量。

（三）物联网与云计算在自动化中的结合

在供应链中，自动化是提高效率、降低成本、减少错误率的重要手段。要实现真正的自动化，就需要大量的数据支持，以及对这些数据进行高效处理和分析的能力。物联网技术可以实时收集供应链各个环节的数据，而云计算则能够对这些数据进行高效处理和分析，为自动化提供决策支持。物联网技术通过连接供应链中的设备和系统，可以实时收集各种数据，如货物位置、状态、温度、湿度等。这些数据通过物联网网络传输到云计算平台，为自动化提供实时、准确的数据支持。云计算平台接收到物联网传输的数据后，利用大数据分析和机器学习技术，对这些数据进行深度挖掘和分析。通过分析数据中的规律和趋势，云计算平台可以预测未来的市场需求、优化库存管理、提高物流配送效率等，为自动化提供决策支持。基于云计算平台的分析结果，供应链管理系统可以自动制定并执行相应的决策。例如，当库存低于安全库存时，系统可以自动触发补货流程；当货物到达配送中心时，系统可以自动分配配送任务和路线等，这种自动化决策与执行大大提高了供应链的响应速度和准确性。

物联网与云计算的结合使得供应链管理系统能够实时获取和处理数据，从而快速作出决策并执行。这大大提高了供应链的响应速度和准确性，减少了人为干预和错误率。通过自动化决策和执行，企业可以减少人力和物力的投入，降低运营成本。云计算的按需付费模式也使得企业无须承担高昂的初期投资和维护成本。通过大数据分析技术，云计算平台可以预测未来的市场需求和供应链变化。这使得企业能够提前做好准备，应对各种挑战和风险。云计算的弹性伸缩能力使得企业可以根据实际需求快速调整计算资源的使用量，这使得供应链管理系统能够应对各种突发情况和变化需求。

以某智能仓储系统为例，该系统利用物联网技术连接了仓库中的各种设备和系统，如货架、叉车、RFID读写器等。这些设备实时收集货物的位置、状态等信息，并通过物联网网络传输到云计算平台。云计算平台利用大数据分析技术对这些数据进行分析和挖掘，发现货物存储和搬运的规律和趋势。基于这些分析结果，系统可以自动制订并执行货物的存储和搬运计划，实现了仓库的自动化管理。通过实时数据收集与传输、数据处理与分析以及自动化决策与执行等步骤，物联网与云计算共同推动了供应链的自动化进程。未来，相信随着技术的不断发展和完善，物联网与云计算在供应链自动化中的应用将更加广泛和深入。

五、可持续供应链技术

（一）绿色机器人与环保材料的使用

绿色机器人，顾名思义，是指在设计、制造、使用和回收等全生命周期内，对环境影响较小、资源消耗较低的机器人。这类机器人不仅具备传统机器人的自动化、智能化特性，还强调了对环境的友好性和资源的节约性。绿色机器人在设计时就注重优化能源消耗，通过采用节能技术、轻量化设计等手段，降低能耗并减少对能源的依赖。在制造过程中，绿色机器人大量使用可再生、可降解等环保材料，减少了对环境的污染和破坏。绿色机器人在使用过程中产生的噪声、废气等污染物较少，符合环保标准，对环境影响较小。在机器人报废后，绿色机器人能够实现智能回收和再利用，减少废弃物产生，降低对环境的负面影响。

绿色机器人能够利用先进的传感器和算法，实现对货物的智能搬运和分拣，提高物流效率并降低人力成本。绿色机器人可以实时监控仓库的货物存储情况，根据库存水平自动调整搬运和补货计划，减少库存积压和浪费。在制造环节，绿色机器人能够自动完成零部件的组装、检测等任务，提高生产效率并降低产品质量问题。除了绿色机器人本身的设计和应用外，环保材料在机器人制造过程中也扮演着重要角色。这些材料包括可再生金属、生物基塑料、碳纤维复合材料等。环保材料大多来自可再生资源，如植物纤维、废弃金属等，从而降低了人类对有限资源的依赖。部分环保材料在使用后能够被自然分解或回收再利用，减少了废弃物对环境的污染。采用环保材料的机器人通常具有更轻的重量和更高的强度，有利于降低能耗和提高运行效率。

使用环保材料制造机器人可以降低对环境的污染和破坏，有利于实现可持续发展。环保材料大多来自可再生资源，使用这些材料可以降低对有限资源的消耗。采用环保材料和绿色机器人技术的企业能够展示其环保理念和责任感，提升企业形象和品牌价值。随着技术的不断进步和应用范围的扩大，这些技术将在未来发挥更加重要的作用。企业应当积极关注这些技术的发展趋势和应用前景，并将其纳入供应链战略规划中，以实现可持续发展和长期竞争优势。

（二）能源效率与资源循环利用

研发和应用节能型机器人，通过优化机器人的动力系统和控制系统，降低机器人的能耗。例如，采用先进的电机技术和能源回收技术，可以提高机器人的能量利用率。利用物联网、大数据和人工智能等技术，构建智能能源管理系统，对供应链中的能源使用进行实时监控和优化。通过对能源使用数据的分析，系统可以预测能源需求，制订节能计划，并自动调整设备的运行状态，以实现能源的高效利用。积极推广和应用绿色能源，如太阳能、风能等可再生能源，替代传统的化石能源。在供应链的关键环节，如仓储、运输等，建设绿色能源设施，如太阳能光伏发电系统、风力发电系统等，以降低对化石能源的依赖。资源循环利用是减少废弃物产生、降低环境污染和资源消耗的重要手段。构建智能回收系统，对供应链中产生的废弃物进行分类、回收和再利用。通过物联网技术，实现废弃物的实时追踪和监控，确保废弃物得到及时、有效的处理。利用大数据分析技术，对废弃物的产生和处理过程进行优化，提高资源回收利用率。在供应链的设计阶段，充分考虑资源的循环利用。通过优化物流路径、减少运输距离、提高包装材料的可回收性等方式，降低物流过程中的资源消耗和废弃物产生。鼓励供应链合作伙伴之间的资源共享和循环利用，形成绿色供应链网络。在产品的设计阶段，注重产品的可回收性和可降解性。采用环保材料、模块化设计等绿色设计理念，以降低产品对环境的负面影响。鼓励消费者参与产品的回收和再利用，推动形成绿色消费模式。

通过提高能源效率与资源循环利用，企业可以降低对能源和原材料的依赖，减少能源消耗和废弃物处理成本，从而降低整体运营成本。通过减少能源消耗和废弃物产生，企业可以降低对环境的污染和破坏，有利于保护生态环境和自然资源。积极推广和应用可持续供应链技术，有助于提升企业的环保形象和品牌价值，增强企业的市场竞争力。

（三）可持续供应链技术的政策与市场驱动

各国政府纷纷出台严格的环保法规和政策，要求企业降低能耗、减少废弃物排放，旨在推动供应链向绿色、低碳、循环的方向发展。这些政策为企业采用可持续供应链技术提供了法律依据和制度保障。政府通过提供绿色财政补贴、税收优惠等措施，鼓励企业投资研发和应用可持续供应链技术。这些政策降低了企业采用新技术的成本，提高了其积极性和主动性。国际社会加强在可持续供应链技术领域的合作与交流，共同制定相关标准和规范。这些标准和规范为企业提供了统一的指导原则和技术要求，有助于推动全球供应链的可持续发展。

随着消费者环保意识的提高，越来越多的消费者倾向于选择具有环保属性的产品和服务。这种需求推动了企业采用可持续供应链技术，以提高产品的环保性能和市场竞争力。采用可持续供应链技术有助于企业降低成本、提高效率、减少风险，从而增强企业的竞争力和市场份额。这种竞争优势促使企业积极投资和应用新技术。供应链中的各个环节相互依存、相互影响。一个环节采用可持续供应链技术，将带动整个供应链向绿色、低碳、循环的方向发展，这种协同效应将推动整个供应链的可持续发展，通过企业不断投入研发资源，还将推动可持续供应链技术的创新和突破。新技术将不断涌现，为供应链的绿色转型提供有力支持。供应链中的各个环节将加强整合与协作，共同推动可持续供应链技术的发展和应用。产业链上下游企业将通过合作研发、共享资源等方式，提高整个供应链的可持续发展水平。随着国际合作的加强和全球市场的融合，可持续供应链技术将呈现国际化、全球化的发展趋势。不同国家和地区的企业将共同推动全球供应链的可持续发展。政府应继续出台相关政策和措施，为企业提供支持和保障；企业应积极响应市场需求和政策导向，加强技术研发和应用创新，推动供应链向绿色、低碳、循环的方向发展；国际社会应加强合作与交流，共同推动全球供应链的可持续发展。

参考文献

[1] 邹火军.工业机器人的技术发展策略探讨 [J].装备制造技术,2023(4):306-308.

[2] 王莉莉,张睿苏,张运来.消费者服务机器人使用意愿的影响因素研究 [J].商场现代化,2024(10):22-24.

[3] 肖广来,王若瀚.人工智能技术在供应链物流领域的应用 [J].中国航务周刊,2024(22):60-62.

[4] 毛青钟,胡梦莎.自动化立体仓库系统在黄酒业中应用 [J].酿酒,2024,51(2):107-111.

[5] 顾绮芳.箱柜车厢式货物自动装卸机器人设计 [J].无线互联科技,2022,19(14):71-73.

[6] 自动驾驶货车 [J].工业设计,2023(1):8.

[7] 刘继云,林曼琪,黄敏怡.机器视觉在质量控制中的应用 [J].质量与市场,2023(12):7-9.

[8] 黄启庆,组合烟花自动化组装生产线研发及应用.湖南省,浏阳花炮连锁烟花制造有限公司,2022-04-21.

[9] 王雪婷.基于专利分析下的中国工业机器人技术发展现状研究 [J].科技和产业,2021,21(11):187-192.

[10] 代浩岑,孙丹宁,赵文博.工业机器人技术的发展与应用综述 [J].新型工业化,2021,11(4):5-6.

[11] 袁海亮,王振兴,张朝辉.基于鲁班工坊的工业机器人技术国际化专业建设发展路径初探 [J].中国教育技术装备,2019(19):71-73.

[12] 韩峰涛.工业机器人技术研究与发展综述 [J].机器人技术与应用,2021(5):23-26.

[13] 乔宁宁. 工业机器人技术的发展与应用分析 [J]. 新型工业化，2021，11（11）：85-87.

[14] 郭和伟. 工业机器人技术的发展与应用研究 [J]. 造纸装备及材料，2020，49（2）：78.

[15] 汪涛，谢志鹏. 拟人化营销研究综述 [J]. 外国经济与管理，2014（1）：38-45.

[16] 周懿瑾，毛诗漫，陈晓燕. 地位补偿："仆人式"品牌拟人对购买意愿的影响 [J]. 外国经济与管理，2020（2）：43-58.

[17] 唐琳. 服务机器人拟人化对消费者使用意愿的影响研究——基于社会认知理论视角 [D]. 成都：西南财经大学，2022.

[18] Lu L, Zhang P, Zhang T. Lever a g i ng "hu m a nlikeness" of robotic service at restaurants[J]. International journal of hospitality management, 2021, 94: 102823.

[19] Mori M.The uncanny valley[J]. Energy, 1970, 7(4).

[20] Xiao L, Kumar V.Robotics for Customer Service: A Useful Complement or an Ultimate Substitute?[J]. Journal of Service Research, 2019, 24(1).

[21] 肖焕彬，初良勇，林赟敏. 人工智能技术在供应链物流领域的应用 [J]. 价值工程，2019，38（25）：154-156.

[22] 郭武. 人工智能技术在供应链物流领域的应用阐述 [J]. 大科技，2023（29）：130-132.

[23] 王海涛. 人工智能技术在供应链物流领域的应用与发展 [J]. 物流《时代周刊》，2022（6）：40-43.

[24] 朱冬冬. 人工智能技术在供应链物流领域的应用研究 [J]. 电脑采购，2020（7）：52-54.

[25] 葛丽娜，徐婧雅，王哲，等. 区块链在供应链应用中的研究现状与挑战 [J]. 计算机应用，2023，43（11）：3315-3326.

[26] 陈亮. 智能制造背景下智慧物流供应链建设研究 [J]. 商业经济研究，2021（5）：104-107.

[27] 刘迈. 生成式人工智能的物流数据风险及其法律规制 [J]. 物流工程与管理，2023，45（12）：137-139.

[28] 毛青钟. 自动化酿造黄酒系统发酵过程理化动态变化研究 [J]. 酿酒，2017，44（5）：86-90.

[29] 台朔重工（宁波）有限公司. 年产十万千升瓶装黄酒自动化立体库系统技术资料 [Z].2017.

[30] 台塑电子（宁波）有限公司网站. 台塑自动仓储系统（AS/RS）[OL].2015 年 12 月 7 日.

[31] 台塑电子（宁波）有限公司. WMS 系统操作手册 [Z].2018 年 8 月.

[32] 苏晓峰，史启程，刘金颂，等. 基于 PLC 的工业自动化立体仓库控制系统设计 [J]. 自动化与仪器仪表，2016（3）：119-121.

[33] 白婷婷，许坤. 基于 PLC 的工业自动化立体仓库控制系统设计方法 [J]. 南方农机，2019，50（4）：114.

[34] 宁江，罗琪. 自动化仓库管理系统的设计与实现 [J]. 科技视界，2013（2）：27-28+22.

[35] 何通，何威，钱仁军. 自动化立体仓库整体规划设计研究 [J]. 中国市场，2016（9）：196-197.

[36] 林丽，刘成宏. 自动化立体仓库货架的规划设计 [J]. 机械工程与自动化，2011（4）：192-193+196.

[37] 李长春，刘广志，崔焕勇，等. 水泥袋搬运机器人夹持器的研究 [J]. 液压与气动，2006（4）：6.

[38] 王小北，林建龙，朱小平. 抓取箱形物品的机械手的优化设计 [J]. 机械设计与制造，2002（6）：30.

[39] 曹彤，员超，孙杏初. 电视机搬运码垛机器人应用研究 [J]. 机械设计与制造，2002（2）：22.

[40] 张永德，张忠泰，刘廷荣，等. SSD－1 型搬运机器人的机械结构设计 [J]. 黑龙江自动化技术与应用，1998（2）：18.

[41] 赵德安，许建中，李金伴，等. 装箱机械手及其控制系统的设计 [J]. 江苏工学院学报，1988（4）：5.

[42] 许家忠，王东野，蔡浩田，等. 大伸臂重载装配机器人 [J]. 自动化技术与应用，2012（6）：1-4, 13.

[43] 许纪倩，刘颖，唐英. 米袋码垛机器人工作站 [J]. 制造业自动化，2001（2）：14.

[44] 夏胜杰，杨昊，艾伟清. 基于 Arduino 单片机和 OpenMV 的颜色目标定位与跟踪小车的设计与实现 [J]. 常熟理工学院学报，2021，35（5）：59-64.

[45] 耿浩楠，周磊，刘新成，等. 基于 OpenMV 的二维码检测技术在自动分拣系统中的应用 [J]. 工业控制计算机，2022，35（12）：11-13.

[46] 彭洋洋，周苗，陈航. 二维识别技术在快递签收中的应用 [J]. 软件，2019，40（8）：49-51.

[47] 胡铃樟. 基于手机二维码的仓库管理系统研究 [J]. 网络安全技术与应用，2014（3）：13+16.

[48] 曾一凡，杨振南，王亚勇. 基于 STM32 的智能物料搬运机器人的设计 [J]. 仪器仪表用户，2023，30（1）：9-12.

[49] 张佳路，任彬，赵增旭. 于颜色识别的智能物料搬运机器人 [J]. 自动化应用，2020（1）：59-61.

[50] 刘允浩. 机器视觉在智能制造中的应用 [J]. 电子技术与软件工程，2022，242（24）：186-190.

[51] 高娟娟，渠中豪，宋亚青. 机器视觉技术研究和应用现状及发展趋势 [J]. 中国传媒科技，2020，328（7）：21-22.

[52] 董富强. 基于机器视觉的零件轮廓尺寸精密测量系统研究 [D]. 天津：天津科技大学，2014.

[53] 苗圩. 世界制造业发展趋势和我国装备制造业状况 [J]. 时事报告（党委中心组学习），2016，No.17（1）：32-43.

[54] 新华社. 中共中央关于制定国民经济和社会发展第十四个五年规划和二〇三五年远景目标的建议 [EB/OL].2020-11-03/2023-03-22.

[55] 新华社. 质量强国建设纲要 [EB/OL].2023-02-17/2023-03-22.